Stefan Schröder, Manfred Gerber (Hg.)

Immer mittendrin

100 Jahre
Pressehaus Wiesbaden

SOCIETÄTS**VERLAG**

Schutzumschlaggestaltung: Jutta Schneider, Frankfurt am Main
Satz: Nicole Proba, Societäts-Verlag
Druck und Verarbeitung: Kessler Druck+Medien GmbH & Co KG
Printed in Germany 2009

ISBN 978-3-7973-1154-2

Inhalt

Vorwort

Hans Georg Schnücker

Liebe Leserinnen und Leser,

100 Jahre Wiesbadener Pressehaus sind eine gewaltige Zeitspanne, und es sind gleichzeitig 100 Jahre bewegter Zeitungsgeschichte. In Wiesbaden, aber auch für die gesamte Region zwischen Idstein im Taunus und Kostheim an der Mündung des Mains, zwischen der Kreisstadt Hofheim und Rüdesheim am Rhein. Es ist eine turbulente Geschichte mit vielfachen Umwälzungen, historischen Brüchen, politischen Abgründen, neuem Aufbauwillen und der Rückkehr demokratischer Zeitungskultur. Vor allem ist es auch eine Geschichte mit unglaublichen technischen Innovationen.

Erbaut in einem vor Optimismus und nationalem Überschwang sprühenden, wirtschaftlich prosperierenden Deutschen Kaiserreich, hat das Pressehaus später zwei Weltkriege und drei Besatzungsmächte erlebt. Zuletzt die Amerikaner, die 1945 der Wiesbadener Presse, der Stadt und dem Land einen Neuanfang ermöglichten. Glück im Unglück: Beim großen Bombenangriff auf Wiesbaden in der Nacht zum 3. Februar 1945 durch die Royal Air Force, der vor allem im benachbarten Kurviertel verheerende Schäden anrichtete, ist das Pressehaus noch einmal davongekommen. So darf man das Gebäude, in dem sich heute der Kurier und das Tagblatt gemeinsam befinden, nach behutsamen Umbauten und sensiblen Renovierungen mit Fug und Recht als Perle an der Schnur der Wiesbadener Bauten des Historismus bezeichnen.

Erbaut hat das Haus die Wiesbadener Verlegerfamilie Schellenberg, deren unternehmerischer Wagemut sich schon im 19. Jahrhundert immer wieder ausgezahlt hat. Heute gehört das Haus der Verlagsgruppe Rhein Main mit Sitz in Mainz, die insgesamt 26 Tageszeitungen verlegt und mit Anzeigenblättern rund 600 000 Haushalte bedient. Neben Beteiligungen im privaten Rundfunk, unter anderem bei FFH, ist die Verlagsgruppe mittlerweile auch führender Nachrichtenanbieter im Internet.

Von den „Schalterbeamtinnen“ der Kaiserzeit im holzgetäfelten Empfangsraum bis zu den multimedial agierenden Redakteuren, Technikern und Videokameraleuten der Gegenwart war es ein weiter Weg mit vielen rasanten Neuerungen: vom Blei- zum Fotosatz, vom Schwarz-Weiß- zum Farbdruck, vom Papiermanuskript zum elektronischen Ganzseitenumbruch am Bildschirm. Schließlich von der Schreibmaschine zum Online-Auftritt der Verlagsgruppe mit brandaktuellen Nachrichten, Hintergrundinformationen und Videos.

Das Buch „100 Jahre Pressehaus“ gibt auf unterhaltsame Weise Einblicke in die vielschichtige Historie des Gebäudes und seiner Mitarbeiter. Dabei wird auch die Vorgeschichte des 1909 als Domizil des Wiesbadener Tagblatts eröffneten Neubaus berücksichtigt. Höhenflüge im Kaiserreich, Nüchternheit während der Weimarer Republik und die Niederungen der Nazizeit werden genauso behandelt wie der Neuanfang unter der Aufsicht der Amerikaner. Schließlich informiert das Buch über die aktuelle Entwicklung des Zeitungswesens und die multimediale Zukunft.

Die Themen der einzelnen Kapitel sind so vielfältig wie die Autoren mit ihren unterschiedlichen Herangehensweisen an den Stoff. Der Leser bekommt eine architekturhistorische Einordnung des Hauses genauso präsentiert wie die technische Entwicklung der Zeitungsherstellung. Markante Führungspersönlichkeiten werden ebenso lebendig porträtiert, wie zum Beispiel die Nachbarschaft des Pressehauses skizziert wird. Schließlich werden auch Kuriositäten und Eigenheiten des Baus, der mehr oder weniger auf Wiesbadener Quellwasser gebaut ist, auf höchst humorvolle Weise beschrieben. Last, but not least lebt das Buch von einer gelungenen Mischung aus historischen und aktuellen Fotos.

Ich wünsche allen Lesern viel Freude und spannende Einblicke bei der Beschäftigung mit dem Wiesbadener Pressehaus!

Wiesbaden, im Oktober 2009
Hans Georg Schnücker,
Sprecher der Geschäftsführung
Wiesbadener Kurier / Wiesbadener Tagblatt
Tageszeitungen der Verlagsgruppe Rhein Main

Hans Georg Schnücker

Das Wissen thront auf dem Dach

Philipp Modrows allegorische Figur krönt den Giebel des Pressehauses

Von Jutta Schwiddessen

Leicht nach vorn gebeugt steht der Mann auf dem Giebel des Pressehauses und hält den Passanten ein Buch entgegen. Fast schon ein wenig, als wollte er sie damit erschlagen. „Das Wissen" heißt die allegorische Figur des Wiesbadener Bildhauers Philipp Modrow. Und wer weiß, vielleicht ahnte der Künstler Anfang des vorigen Jahrhunderts bereits, dass uns die Fülle der Informationen eines Tages nahezu erschlagen würde. „Den Mittelbau krönt eine überlebensgroße, nackte Jünglingsfigur, die, ein Symbol der Aufklärung und des Wissens, jede ehrliche, ihrer Zeit dienende Zeitung zu verbreiten strebt, den Beschauern ein Buch entgegenhält", schreibt das Wiesbadener Tagblatt am 24. Oktober 1909 in seiner Beilage zur Eröffnung des neuen Pressehauses, für das Modrow den Mann auf dem Dach schuf.

Nun, man hat damals offenbar nicht so ganz genau hingeschaut. Der Jüngling ist nicht nackt. Ein Tuch schützt seine Lenden. Allerdings sehr dürftig. Eher flüchtig hat offenbar auch der Schriftsteller Walter Kempowski auf den Kupfermann geblickt, den er in seinen Schilderungen über seine Wiesbadener Jahre kurz nach dem Krieg als „grünen Bronzemann" auf dem Kurier-Haus in der Langgasse beschreibt. Und Kempowski irrt auch, wenn er schreibt, dass der Mann „unentwegt in ein grünes Buch" schaut, „auf dem WK stand". Das Buch hält der Kupfermann hoch über seinen Kopf, und WK steht auch nicht drauf. Den 1945 gegründeten Kurier gab es noch gar nicht, als Modrow die Figur schuf.

Die weit über lebensgroße Figur erinnert ein wenig an Modrows (diesmal tatsächlich nackte) Figur „Der Atmer", die in Davos steht und dem Begründer des Kurortes Alexander Spengler ein Denkmal setzt. Nach Davos war der schwer lungenkranke Bildhauer bald nach der Fertigstellung des Wiesbadener Modells übergesiedelt und starb dort im Jahr 1925. Dieser Modrow scheint ein spannender Mann gewesen zu sein, der Kontakt zu Künstlern und Literaten unterhielt, in Davos 1921 eine Frauenhochschule errichten lassen und Esperanto zur Unterrichtssprache machen wollte. Nun ja, das Projekt scheiterte. Die Davoser Behörden erachteten die Pläne als undurchführbar.

Doch zurück auf den Giebel des Pressehauses, wo „Das Wissen“ thront und uns ein kleines Rätsel hinterließ. Gleich drei – inzwischen verstorbene – Männer stritten um die Ehre, dafür Modell gestanden zu haben. Nummer eins: Der 1878 geborene und schon mit 47 Jahren verstorbene Königliche Theatermeister in Wiesbaden Wilhelm Krämer, den auch die „Gräberdokumentation auf Wiesbadener Friedhöfen“ von Albert Herrmann nennt. Wie dort zu lesen ist, war Krämer ein „berühmter Sportsmann, hauptsächlich in der Athletik. Sein stattlicher Körper diente dem Bildhauer Philipp Modrow als Modell zu seiner Figur ‚Das Wissen‘ auf dem Giebel des hiesigen Tagblatt-Hauses.“ Und Enkel Arthur Krämer erinnert sich, dass er – wenn er am Pressehaus vorbeikam – bereits als Kind belehrt wurde: „Der Mann da oben ist dein Opa.“ Nummer zwei: Der „Bewerber“, zweifelsfrei ebenfalls von höchst athletischer Statur, ist der ehemalige Wiesbadener Weltringermeister Gustav Edingshaus, der, wie in einem WK-Interview aus dem Jahr 1956 zu lesen ist, beinahe mit aufs Kurier-Dach gestiegen wäre, um sich neben der First-Figur ablichten zu lassen. Damals war er 75 Jahre alt. „Ja, so ist das“, schreibt der Verfasser des Artikels, „der grünspanige Athlet, der so tut, als wolle er den Passanten auf der Langgasse ein metallenes Buch vor die Füße schleudern, dieser Herkules ist Gustav Edingshaus wie aus dem wohlproportionierten Leib geschnitten.“

Das wiederum konnte die Witwe von Modrows Bruder, Marieluise Modrow, nicht verwirren: Kurz nach dem Tod ihres Mannes 1972 schrieb sie aus Seefeld an die Kurier-Mundart-Kolumne „For nix und widder nix“: „... mein lieber Mann is an Weihnachde gestorwe, un ich bin deshalb oft noch sehr draurisch. Er steht zwar noch in seiner ganze Jugend un Scheeheit owe uff dem Kurier-Haus un häld e Buch in de Hee als Simbol der Weisheid (des Denkmol hod seinerzeit sein Bruder gemacht, un er hod Modell gestanne)...“ Der dritte Modell-Kandidat also, den 1979 der damals fast 88 Jahre alte Kurier-Leser Karl Tiefenbach in einem Brief bestätigt: „Es ist richtig, was Frau Modrow sagt, dass ihr Mann Modell stand ... ich war damals selbst als Bildhauerlehrling an diesem Figurenmodell beteiligt.“

Wer war's wirklich? Was naheliegt und salomonisch wäre: Für die anatomischen Studien, die ein Künstler ja braucht, könnten alle drei Modell gestanden haben. Die Antwort darauf hat Modrow mit ins Grab genommen, sein Werk ist geblieben und zu einem Wahrzeichen des Pressehauses und der gesamten Langgasse geworden.

Zu Seite 10: Wissen ist (Presse-)Macht: die Allegorie des Wiesbadener Bildhauers Philipp Modrow an der Giebelspitze des Pressehauses.

Ein Gesamtkunstwerk des Historismus

Die Architektur des Pressehauses vermittelt zwischen dem 19. Jahrhundert und dem Aufbruch in die Moderne

Von Gottfried Kiesow

Aus der gleichmäßigen Reihe von Geschäftshäusern des Historismus in der Langgasse fällt das Pressehaus des Wiesbadener Kuriers städtebaulich durch seine bevorzugte Stellung in der Sichtachse der Straße Am Römertor besonders auf. Denn so kann man die sehr qualitätsvolle Fassade aus dem Abstand bewundern und auch fotografieren, was in der Enge der Straße bei den anderen Bauten nur schwer möglich ist.

Hier stand schon die bekannte Schellenberg'sche Hofdruckerei, die 1909 durch den heutigen Bau ersetzt wurde. Sie ist das Werk der Architekten Lang, Wolff & Hertel, die sich 1903 mit dem zweiten Bauabschnitt des Hotels Rose hervorgetan hatten, später, 1914, noch die Häuser Schiersteiner Straße 31-33 erbauten. Während das Hotel Rose ganz im Stil des Neubarock gehalten ist, zeigt das Doppelhaus an der Schiersteiner Straße bereits sehr sachliche, vereinfachte Formen. Dazwischen liegt sowohl zeitlich als auch stilistisch das Pressehaus als eine Verbindung repräsentativer, aufwendiger Bauformen des Späthistorismus mit einer sehr delikaten Innenarchitektur des Jugendstils. Die Fassade ist ganz mit Sandstein verkleidet, roten für die Gliederungen, gelben für die Wandfelder zwischen den Eckverzahnungen und den Kolossalpilastern des mit dem Haupteingang, dem großen Themenfenster und dem hohen Frontispiz hervorgehobenen Mittelrisalit.

Neubarock und Jugendstil: Fensterpartie mit eigenwilligen Säulen.

Frontfassade 1909: im Vordergrund die Straßenbahnschienen der Kaiserzeit.

Frontfassade 2009: im Vordergrund die Langgasse als Fußgängerzone.

Offerten

Zu Seite 16/17: Alles vom Feinsten: Holz, Glas und Marmor prägen den Charakter der Schalterhalle.

Historismus überall: Blick vom Pressehaus auf die Langgasse und die Straße Am Römertor.

Ganz im Geist des Stilpluralismus, wie er im Kurhaus von Friedrich von Thiersch (1904–1907) vertreten ist, verbinden sich romanisierende Rundbogenfenster mit neubarocken Kartuschen, eines davon mit dem später hinzugefügten Monogramm WK, oben in der Spitze mit einem Wappen. Die bekrönende Kupferstatue schuf der Wiesbadener Bildhauer Philipp Modrow als eine schlanke Jünglingsgestalt mit erhobenem Buch. Nach dem Betrachten des Späthistorismus in der Fassade wird man im Inneren mit den feinsten Formen des Jugendstils überrascht, im Vorraum mit stark farbigen Mosaiken, in deren geometrisch gerahmte Felder die Bildnisse von Johannes Gutenberg und Albrecht Dürer eingefügt sind. Es ist der späte, schon zum Art déco tendierende Jugendstil, in dem auch die Gewölbe der Eingangshalle, die farbigen Glasfenster, die Verkleidungen der Heizkörper und die Treppengeländer gehalten sind. Mit der prachtvollen Fassade des Späthistorismus und der köstlichen Innenausstattung des Jugendstils entstand ein Gesamtkunstwerk von hohem Rang als ein typisches Denkmal des Fin de Siècle, als Mittler zwischen dem Historismus des 19. Jahrhunderts und dem Aufbruch in die Moderne.

Ein Zeitungspalast musste es sein

Nur die besten Handwerker durften das Pressehaus bauen

Von Manfred Gerber

Ein „Zeitungspalast" musste es sein. So nannte man damals das neue Haus in der Langgasse 21, das der Verleger Louis Schellenberg in den Jahren 1905 bis 1909 nach den Plänen der Wiesbadener Architekten Lang, Wolff und Hertel bauen ließ. Der Bau, in dem sich romanische und barocke Elemente mit solchen des Jugendstils mischen, galt als eines der schönsten und zweckmäßigsten Zeitungshäuser Deutschlands. Er stieß sogar im Ausland auf publizistische Beachtung. Der Neubau, schrieben die Schweizer Grafische Mitteilungen 1910, böte „nicht nur dem verehrlichen Publikum, sondern auch den geistigen und technischen Mitarbeitern möglichst schöne und angenehme Räume".

Holzgetäfelt und gediegen: Arbeitszimmer der Lokalredaktion 1909.

Wiesbad

ner Tagblatt

Zu Seite 20/21: Ein offenes Pressehaus: Eingang in prachtvollem Ambiente.

Schellenberg hatte sich offenbar von seinem Onkel, dem Regierungspräsidenten Carl Ibell, einen Kredit für den Bau geben lassen. Mit den Wiesbadener Baubehörden stritt er beharrlich um eine Ausnahmeregelung zum Höherbauen – und hatte Erfolg. Was das repräsentative Haus am Ende kostete, nahm der Erbauer als Geheimnis mit ins Grab.

Am Zeitungspalast war alles vom Feinsten. Der rote und graue Marmor wurde aus dem Nassauischen, der grüne aus Griechenland und der sandgelbe aus Frankreich herbeigeschafft. Die besten Handwerker Wiesbadens arbeiteten auf der Baustelle, zwei der berühmtesten Bildhauer der Region, Willy Bierbrauer aus Wiesbaden, von dem die bronzenen Adler stammen, und Philipp Modrow, ebenfalls aus Wiesbaden, der die Allegorie „Das Wissen“ auf dem Giebel entworfen hat, durften sich am edlen Material verausgaben. Die Parkettböden installierte die Mainzer Firma Bembé, die als Ausstatterin von Fürstenhöfen bekannt war.

Gut bewacht: einer der beiden Bronze-Adler des Wiesbadener Bildhauers Willy Bierbrauer.

Die Zeitungsbeilagen Alt-Nassau und Der Landbote wurden hier in der Langgasse gedruckt, dazu der Kalender Alt-Nassau, das Lieblingskind des Verlegers, aber vor allem das Flaggschiff des Verlags, das Wiesbadener Tagblatt, das 1865 schon eine Auflage von 21 457 Exemplaren hatte.

Zwölf Kubikmeter Raum waren für jeden Beschäftigten vor 1918 gesetzlich vorgeschrieben. Wer im Wiesbadener „Zeitungspalast“ arbeitete, hatte das Dreifache an Platz.

Ansichten vom alten Wiesbaden: das Glasfenster mit Altem Rathaus, Löwenbrunnen und Uhrturm.

1909 waren es 160, 1926 nur noch 130 Beschäftigte in diesem Haus. Aber wer hier arbeitete, kam in den Genuss von Sozialleistungen, die weit über das gesetzlich Geregelte hinausgingen. Wasch- und Baderäume standen sowohl den „Schalterbeamtinnen“ als auch den „Falzgräfinnen“ zur Verfügung. So nannte man scherzhafterweise die Frauen, die in der Buchbinderei Druckbögen falzten. Hygiene war großgeschrieben: 2 200 Kilo Seife und 200 Handbürsten verabreichte die Geschäftsleitung alljährlich. Später, während des Ersten Weltkriegs, wurde die Seife kontingentiert.

Zwischen Gutenberg und Fotosatz: Setzmaschinen der Nachkriegszeit.

Gegen den Durst der Mitarbeiter ließ die Betriebsleitung im Sommer eisgekühltes Faulbrunnenwasser bereitstellen. Beim Alkohol gebot man Zurückhaltung. Denn, so argumentierten die Verleger: „Das Bierholen über die Gasse verträgt sich nicht mit einer wohlgeregelten großen Betriebsführung." Gleichwohl war damals das einzigartige Geruchsgemisch aus Blei, Papierstaub und Druckerschwärze immer auch mit dem Dunst von gutem Gerstensaft angereichert. Die schöne „Augsburgerin" war das Prunkstück der Druckerei. Die Maschine brachte es auf 1 500 Druckbögen in der Stunde, und dies, ohne dass die Papierbögen – wie bei den älteren Modellen – von Hand eingeführt werden mussten. Ein Paternoster beförderte die Mitarbeiter, eine Rohrpostanlage die internen Mitteilungen. Bis sie durch neuere Techniken überholt waren.

WILLKOMMEN!

Der pädagogische Charakter der Eingangshalle

Von Wolfgang Herber

Eine Eingangshalle kann eine nüchtern-funktionale Passage sein, die hinter einem Tor schnell durchlaufen werden will. In der Eingangshalle des Pressehauses hingegen werden Besucher, Kunden und die im Haus Tätigen empfangen. Aufgenommen. Die Wände dieses Vestibüls sprechen mit den Eintretenden, sofern sie sich darauf einlassen. Sie sind ein „Einstieg", konkret und symbolisch.

Hinter zwei in ihrer halbrunden Form einzigartigen Jugendstilbriefkästen aus Messing befinden sich bereits vor der zurückversetzten gläsernen Eingangstür an der Decke und an den Seiten aussagekräftige Motive als Glasmosaike, die den Bezug zur Arbeit im Hause herstellen: an der Decke ein großer Adler mit ausgebreiteten Schwingen und darunter an den beiden Seiten Brustbilder von Johannes Gutenberg und Albrecht Dürer.

In die Adlerflügel sind die Wappen von Hessen und Wiesbaden eingelassen. In der einen Kralle hält der Greif eine Papierrolle, in der anderen einen Druckerhammer. Dieser heraldische Buchdruckeradler weist

Lupenreiner Jugendstil: Briefkasten am Eingang des Pressehauses.

Geistiger Pressehaus-Pate Nr. 1: Renaissancemensch Johannes Gutenberg.

darauf hin, dass in dem Gebäude auch einmal Zeitungen gedruckt wurden. Zunächst das Wiesbadener Tagblatt von seiner Gründung 1945 bis 1975, dann auf der „Super Albert", einer 48-seitigen Rotationsmaschine, der Wiesbadener Kurier.

Der Ende des 14. Jahrhunderts in Mainz geborene Johannes Gutenberg (1398–1468) gilt als der Erfinder der Buchdruckerkunst. Und Albrecht Dürer (1471–1528) leistete wichtige Beiträge zu den grafischen Künsten, die ja Gedrucktes bis heute bereichern. Beide Männer sind Repräsentanten der Renaissance, des Quantensprungs vom dunklen Mittelalter in die Neuzeit.

Die Renaissance war – wie der Begriff ausweist – eine Epoche der „Wiedergeburt", einer Neuauflage. Das klassische Altertum, die griechisch-römische Antike wurden wieder erweckt. Deren Künste und Wissenschaften hatten sich am Naturvor-

Zu Seite 26/27: Ornamentschmuck überall: Messingheizkörper im Treppenaufgang.

Geistiger Pressehaus-Pate Nr. 2: Renaissancemensch Albrecht Dürer.

bild, am Realen orientiert. Die Renaissance nun löste sich von der am Jenseits orientierten Gotik, der Mensch und seine Welten traten wieder in den Mittelpunkt. Die Abkehr von alten Weltbildern, Entdeckungen, die Reformation und eben Erfindungen wie der Buchdruck spurten die Loipen in die Moderne.

Hinter der Glastür öffnet sich die Halle mit ihrem Wand- und Deckenschmuck, den man nur zum Sprechen bringen muss. Ihre Wände sind bis in Brusthöhe mit buntem, geschliffenem Marmor verkleidet. Die großen quadratischen, dunkelroten Platten wurden aus dem sogenannten Brunhildenstein geschliffen und stammen aus den Marmorbrüchen im nassauischen Villmar an der Lahn. An vier Stellen sind statt der Marmorplatten Heizkörper hinter Jugendstilverkleidung in die Wand eingelassen. Nassauischer Marmor und Metallverkleidungen werden oben und unten umfasst von schmalen rechteckigen Friesen grünen griechischen Marmors aus Tynos. Nassauische Heimat und antikes Griechenland verbinden sich so zu einer steinernen Botschaft.

Samstag
23. Juli

Zu Seite 30/31: Aus Nassau und Griechenland: Marmor in der alten Schalterhalle.

Im Halbrund des Deckengewölbes hatte der Dekorationsmaler Gustav Hildebrandt Ornamentsstreifen im Jugendstil angebracht, die unter anderem mit goldenen Lilien auf blauem Grund, entlehnt dem Wiesbadener Stadtwappen, versehen sind. Der Jugendstil ist Ende des 19. Jahrhunderts um die Münchner Zeitschrift „Jugend" als Protestbewegung gegen die Überladenheit des Historismus entstanden. Mit seiner Flächenhaftigkeit und der Betonung der Linien sowie seinen Motiven aus Fauna und Flora suchte er neue Formen gegen repräsentativen Tand. In dem Meer des vorwiegend neobarocken Historismus, der das Pressehaus außen und innen prägt, ist das Jugendstilgewölbe der Eingangshalle gewissermaßen eine Insel der damaligen Moderne.

An den beiden inneren Torbögen über den Glastüren der Eingangshalle holt uns wieder die Renaissance ein: Akanthusblätter sind ineinander verwoben aufgemalt. Der Akanthus ist ein im Mittelmeerraum verbreitetes Stachelgewächs. Als Dekorati-

Tradition eines Herzogtums: das Wappen Nassaus.

Tradition einer Familie: das Wappen der Schellenbergs.

onsmotive tauchen seine Blätter bereits in der antiken Baukunst auf, insbesondere in den Kapitellen der korinthischen Säulen. Diese Blattform wurde in der Renaissance als Motiv wieder aufgegriffen. 1909 erscheint sie dann gewissermaßen als Renaissance der Renaissance.

Hinter der zweiten Glastür zieren die Hallendecke im Quergewölbe vier repräsentative Wappen. Sechs Schellen auf blauem Grund zeigt das Wappen der Familie Schellenberg, einer alten nassauischen Familie, aus der bekannte Theologen, Ärzte und eben Buchdrucker und Verleger hervorgingen. Dann folgen im Uhrzeigersinn die Wappen von Nassau, von Wiesbaden und schließlich eines mit einem kleinen, diesmal doppelköpfigen Buchdruckeradler, umrahmt von dem Schriftzug „Gott Grüß die Kunst“. Unter diesem Geviert führen links und rechts Treppen, verkleidet wieder mit dunkelrotem Marmor, in die Arbeitsräume des Pressehauses.

Über lange Jahre waren die Ornamente der Eingangshalle unter einer eingezogenen Zwischendecke verborgen. 1985 wurden sie bei einer Hausrenovierung entdeckt und freigelegt. Wie schon 1909 sind sie wieder in der Methode der Leimfarbenmalerei neu gestaltet worden. Dabei wird tierischer Leim im Wasserbad erhitzt und verflüssigt, und diesem werden dann Farbpigmente zugesetzt. Dieses Verfahren gewährleistet eine große Haltbarkeit.

Rosette und Lilie: Wandschmuck im Treppenhaus.

Verspielt und geschwungen: Deckenschmuck im Treppenhaus.

Unzensiert und erschwinglich

Die Wiesbadener Zeitungslandschaft um 1910

Von Guntram Müller-Schellenberg

Als vor hundert Jahren das Pressehaus in die Höhe wuchs, war Wiesbaden alles andere als eine Stadt mit Zeitungstradition. Bevor es um 1850 zur Gründung einiger politischer Blätter kam, erschöpfte sich die Wiesbadener Presselandschaft in einem bescheidenen Wochenblättchen, das seinen Lesern nichts als amtliche Bekanntmachungen, die aktuellen Lebensmittelpreise, standesamtliche Nachrichten und jede Menge Anzeigen bot. Die Zeitungen, die dann ab Mitte des Jahrhunderts erschienen, waren so teuer, dass sie nur von wenigen Besserverdienenden gehalten werden konnten. Außerdem gehörten sie zur sogenannten Meinungspresse, das heißt, sie vertraten jeweils ein bestimmtes politisches Spektrum und wurden nur von den Anhängern dieser Richtung gelesen. Strenge Handhabung der Zensurbestimmungen machte in Opposition zur konservativen nassauischen Regierung stehenden Verlegern und Redakteuren das Leben schwer.

In der Bismarck-Zeit wurde dann schlagartig alles ganz anders. Leistungsfähige Druckmaschinen waren erfunden worden und führten zusammen mit revolutionären Neuerungen in der Papierherstellung zu ungeahnten Preissenkungen bei der Zeitungsherstellung. Auf Lager produzierte Industrieerzeugnisse suchten per Zeitungsanzeigen Abnehmer, so dass zudem die Herstellungskosten der Zeitungen im Gegensatz zu früher nun nicht mehr alleine von den Lesern zu tragen waren, sondern jetzt zu einem guten Teil von Inserenten aufgebracht wurden. Zeitungen waren also auch für Bevölkerungsschichten mit geringerem Einkommen erschwinglich geworden. Das fast gänzliche Aufheben der vormals strengen Pressezensur führte auch in Wiesbaden zu einem facettenreichen Journalismus, der sich jetzt nicht nur in der Meinungspresse erschöpfte, sondern mit dem sogenannten Generalanzeigertyp auch in der Kurstadt unpolitische Zeitungen hervorbrachte. Zeitunglesen war nun „in", in fast jedem Haushalt wurde ein Blatt gehalten. Das heißt aber nicht, dass für die Verleger goldene Zeiten angebrochen wären. Der Boom führte zu zahlreichen Gründungen und somit zu einem überbesetzten Markt. Vielen Blättern war deshalb nur ein kurzes Leben beschieden.

27

Zu Seite 36/37: Energiezentrum hinter den Fassaden: der Maschinenraum im Hinterhauskeller.

Zur Zeit der Errichtung des Pressehauses hatte sich die Wiesbadener Zeitungslandschaft auf drei Blätter komprimiert: Aus dem genannten Wochenblättchen war das zu dieser Zeit liberale Wiesbadener Tagblatt hervorgegangen. Auf die längste Tradition konnte aber die Wiesbadener Zeitung zurückblicken, die im Revolutionsjahr 1848 als Freie Zeitung gegründet worden war, aber zahlreiche Eigentümer-, Richtungs- und Namenswechsel über sich hatte ergehen lassen müssen. Wie der Untertitel Wiesbadener Generalanzeiger ausweist, wollte das Blatt unpolitisch sein. Die 1892 gegründete Volksstimme war ein sozialdemokratisches Blatt. Die einmal wöchentlich erscheinende und vom Haus- und Grundbesitzerverein herausgegebene Wiesbadener Bürgerzeitung muss hier erwähnt werden, weil sie auf dem Anzeigenmarkt in Konkurrenz zu den Tageszeitungen stand. Das Nebeneinander der Zeitungen war alles andere als kollegial. Vor allem die Wiesbadener Zeitung bzw. ihre Vorgänger und das Wiesbadener Tagblatt bekämpften sich mit rüden Mitteln.

Mit 26000 Abonnenten (bei 109000 Einwohnern in ca. 30000 Haushalten) war das Tagblatt 1909 mit Abstand die auflagenstärkste Zeitung Wiesbadens. Mit seinem Anzeigenaufkommen lag das Tagblatt einer Erhebung zufolge deutschlandweit an bemerkenswerter achter Stelle, was übrigens auch ein Zeichen für die damals außergewöhnlich hohe Kaufkraft Wiesbadens war.

Die Volksstimme wurde 1933 von den Nationalsozialisten verboten, die Wiesbadener Zeitung beendete nach noch zweimaligem Titelwechsel 1936 ihr Dasein und das Wiesbadener Tagblatt musste auf Geheiß der NSDAP 1943 sein Erscheinen einstellen und konnte erst 1949 fortgeführt werden.

Benutzte Literatur

Müller-Schellenberg, Guntram: Von Napoleon bis Adenauer. Die Schellenberg'sche Hofbuchdruckerei: Ein Stück Wiesbadener Pressegeschichte im Spannungsfeld von Kultur, Wirtschaft und sozialen Verhältnissen. Taunusstein (in Vorbereitung, hier umfassende Quellen- und Literaturangaben).

Es begann mit einer Leihbibliothek

Die Ursprünge des Pressehauses: Die Schellenberg'sche Hofbuchdruckerei und ihre Prinzipale im 19. Jahrhundert

Von Guntram Müller-Schellenberg

Warum war der Sohn des Bierstadter Pfarrers Jacob Ludwig Schellenberg Buchhändler geworden, wo doch der traditionelle Beruf der Familie der des Theologen war? Den kleinen Ernst Ludwig Theodor drängten weder Lust noch vorzügliche Fähigkeiten zum Studium, lässt uns der Vater in seiner Autobiografie wissen. So steckte er also den knapp fünfzehnjährigen Sprössling im Oktober 1786, drei Jahre vor Ausbruch der Französischen Revolution, nach Frankfurt zu einem Buchhändler in die Lehre. Von der Lehrzeit wissen wir leider nicht mehr, als dass Louis, wie der angehende Buchhändler zeitlebens gerufen wurde, die sechs Jahre „standhaft und getreulich" ausgehalten hat. Direkt nach Beendigung der Lehre nahm er 1792 in einer Marburger Buchhandlung eine Stelle als Gehilfe an. *Damit er sich aber noch mehrere Kenntnisse dieses Handels erwerben mögte,* schreibt der zufriedene Vater, *so ginge er 1797 nach Bern in eine Buchhandlung.*

So gerüstet, eröffnete der inzwischen „dicke Louis" nach seiner Rückkehr, mit der erforderlichen Erlaubnis des Fürsten Friedrich August versehen, im Haus des Landwirts Andreas Faust in der Langgasse/Ecke Webergasse in zwei engen Räumen Wiesbadens und Nassaus erste Sortimentsbuchhandlung mit angeschlossener Leihbibliothek. *Es entstund sogleich eine Lesewuth unter Hohen und Niedern der Stadt und auf dem Lande,* erfahren wir vom stolzen Vater.

Die zunächst traurige finanzielle Ausstattung des Unternehmens besserte sich erst mit der auf Betreiben der Verwandtschaft 1806 geschlossenen Ehe mit der gleichaltrigen verwitweten Christiane Buderus, die aus ihrer Ehe mit einem der Söhne des Hüttenbesitzers ein kleines Vermögen in die Firma einbrachte.

Nach dem Zusammenlegen der beiden Fürstentümer Nassau-Usingen und Nassau-Weilburg zum Herzogtum (1806) mit etwa 270 000 Einwohnern konnten die Verordnungen und Anweisungen an die zahlreichen Behörden und Gemeinden

Das Vorderhaus der Schellenberg'schen Hofdruckerei: der Vorgängerbau um 1890.

nicht mehr mit dem Federkiel und der Kapazität der Wiesbadener Buchdruckerei Frey bewältigt werden. So schlug die Stunde des Buchhändlers Ludwig Schellenberg. Er suchte erfolgreich um die Erlaubnis nach, eine weitere Druckerei betreiben zu dürfen. Von seinem Vetter, dem Regierungspräsidenten Carl Ibell, erwarb er 1809 als Wohnung und Geschäftslokal das stattliche Bürgerhaus in der Langgasse, das an der Stelle stand, an der sich heute das Pressehaus erhebt. Der Kauf des Gebäudes und sein Umbau zur Druckerwerkstatt verschlangen zusammen mit der Anschaffung der Druckerpressen, Schriften und sonstiger Geräte 14000 Gulden. Das führte zu einer hohen Verschuldung des jungen Unternehmens. Zum Vergleich: Ein Buchdrucker verdiente damals als bestbezahlter Handwerker an einem Zwölfstundentag etwa einen Gulden, ein Handlanger die Hälfte. Mit drei, bald schon vier Pressen war die Druckerei, die sich ab 1819 prestigeträchtig „Schellenberg'sche Hofbuchdruckerei" nennen durfte, von Anbeginn an die größte in Wiesbaden, ja in ganz Nassau.

Gleich zu Beginn seiner Tätigkeit als Drucker erhielt Schellenberg von der Regierung mit dem neu entwickelten und jährlich in einer Auflage von rund 50000

Exemplaren zu druckenden, vierzig Seiten starken Herzoglich Nassauischen allgemeinen Landeskalender einen richtig fetten Auftrag. So schön dieser Großauftrag auch war, er führte zu einer ungleichmäßigen Auslastung des Betriebes. Das veranlasste Ludwig Schellenberg, auch verlegerisch tätig zu werden. Das heißt, er druckte auf eigene Kosten und eigenes Risiko in ganz Deutschland verbreitete Bücher. Damit war er – wie schon mit der Sortimentsbuchhandlung – der Erste auf dem Territorium des Herzogtums Nassau.

Das Auftragseingangsbuch war prall gefüllt. Das Spektrum der in seiner Offizin (so nannte man damals Druckereien) hergestellten Drucksachen reichte von der bescheidenen Visitenkarte über die verlagseigenen Werke bis zum Großauftrag Landeskalender. Guter Kunde war die öffentliche Hand; zu den treuesten Kunden zählte auch das Wiesbadener Theater. Von 1816 bis 1818 druckte Schellenberg die von dem bekannten Journalisten Johannes Weitzel redigierte erste politische Zeitung Nassaus, die Rheinischen Blätter.

Am 23. Februar 1834 fand das Leben dieses tätigen Mannes in seinem fast vollendeten 63. Jahr ein Ende. Seiner Witwe, den vier Söhnen und der Tochter hinterließ der Pfarrerssohn neben einigen tausend Gulden Verbindlichkeiten in einem stattlichen Geschäfts- und Wohnhaus ein aus Buchhandel, Verlag und Druckerei bestehendes florierendes Unternehmen.

Zu den Aktiva, die seine Kinder in ihr ferneres Leben mitnehmen konnten, zählte eine solide Schulausbildung. Die Jungen besuchten in Wiesbaden die Friedrichschule, die Privatschule von Johannes de Laspée und das Pädagogium. Wie in bürgerlichen Kreisen damals üblich, erhielten die „Knaben" zusätzlich Privatunterricht in Schreiben, Rechnen, Zeichnen, Französisch und Latein sowie Stunden in Violine und Flöte. Tanzstunden rundeten die musische Ausbildung ab.

Nach dem Tod des „dicken Louis" ging das gesamte Geschäft

Ein Verleger mit Pioniergeist: Ludwig Schellenberg (1772–1834), der „dicke Louis".

Setzer und Drucker bei der Arbeit: Druckerwerkstatt um 1810.

nominell auf seine Witwe über, wurde aber vom ältesten Sohn, dem 28-jährigen Ludwig, mehr schlecht als recht geleitet. Da war es ein Glücksfall, dass der jüngere Bruder August nach seiner umfassenden kaufmännischen Ausbildung, die ihn über Elberfeld und Solingen in die Schweiz und sogar bis nach Algier geführt hatte, keine passende Stelle fand und deshalb in das Familienunternehmen eintrat. Nun wütete aber der Tod dermaßen in der Familie, dass 1842 nur noch August und sein älterer Bruder Carl, der inzwischen Apotheker geworden war, am Leben geblieben waren.

Da musste der nun alleinige Geschäftsführer Ausschau nach einer „Eheliebsten" halten. Die gerade erst achtzehnjährige Tochter des Wiesbadener Tuchhändlers Jacob Guyer, Marie Luise Wilhelmine, hatte es ihm angetan. Das war eine Partie, wie sie nach dem Geschmack von Augusts Großvater, dem Bierstadter Pfarrer, gewesen wäre: Während Augusts Vermögen gerade mal mit achttausend Gulden zu Buche stand, brachte Marie zwanzigtausend Gulden in die 1843 geschlossene Ehe und somit in das Unternehmen. August Schellenberg nutzte den Geldsegen zur Modernisierung der Druckerei und zum Bau eines vierstöckigen Betriebsgebäudes im Hof des Anwesens.

Mit nicht ganz lauteren Methoden brachte August Schellenberg 1844 Verlag und Druck des von der Stadt Wiesbaden zuvor im Turnus an die Wiesbadener Drucker vergebenen Wiesbadener Wochenblatts für zehn Jahre an sich. Das war ein Meilenstein in der Geschichte der Schellenberg'schen Hofbuchdruckerei. Zwei Jahre vor Auslaufen des Vertrages ließ der gewiefte Geschäftsmann nämlich das inzwischen umfang- und ertragreicher gewordene Blatt, das neben Anzeigen nur etwas Unterhaltungsstoff bot, unter dem Namen Wiesbadener Tagblatt an dessen Stelle täglich erscheinen. Die neue Zeitung florierte und nahm von Jahr zu Jahr an Umfang und Ertrag zu. Da ließen sich die Verluste ertragen, die die 1848 gegründete kurzlebige Nas-

Der „Erfinder" des Wiesbadener Tagblatts: Verleger August Schellenberg (1814–1869).

sauische Allgemeine Zeitung dem Unternehmen beschert hatte. Als August Schellenberg 1869 im Alter von 55 Jahren von langem Leiden und Schmerzen erlöst wurde, hatte sich mit dem Tagblatt sein Lebenswerk prächtig entwickelt. Der jährliche Umsatz lag bei 20000 Gulden.

Die zu einer Belastung gewordene Buchhandlung war bereits einige Jahre zuvor an einen Jacob Greiß abgegeben worden, gelangte aber bald wieder in die Familie: Jacob Greiß wurde August Schellenbergs Schwiegersohn. Nun führte die Witwe Marie Schellenberg das stattliche Unternehmen. Als Erstes schaffte sie zusätzlichen Platz für den Betrieb, indem sie für sich und die Familie Greiß auf der Schönen Aussicht ein Wohnhaus kaufte.

Mit großem Engagement wurde die Akzidenzdruckerei betrieben. Erhalten gebliebene Muster von Geschäftsdrucksachen, Speise- und Weinkarten, Geburts-, Verlobungs- und Hochzeitsanzeigen, Glückwunschkarten, Veranstaltungsprogrammen, Etiketten, Programmen, Plakaten und natürlich auch Broschüren und Büchern weisen hohes Qualitätsbewusstsein aus. Geschäftsführung und Belegschaft durften zu Recht mit Stolz auf die Leistungen dieses Geschäftszweiges blicken.

Als der Vater starb, war Ludwig Schellenberg – der wie sein Großvater nur „Louis" gerufen wurde – nach Abschluss der höheren Bürgerschule seit einem Jahr im elterlichen Betrieb „Stift", wie bis vor nicht allzu langer Zeit Auszubildende auch in Druckereien genannt wurden. An diese Zeit schloss sich in Bremen eine kaufmännische Ausbildung an. Bevor der künftige Prinzipal (so nannte man Eigentümer von Druckereien) 1874 nach Wiesbaden zurückkehrte, um seinen Wehrdienst abzuleisten, durfte er in London weitere Erfahrungen sammeln. Als frischgebackener Reserveoffiziersanwärter war es Louis Schellenberg aber noch nicht vergönnt, in den Familienbetrieb einzutreten und die Füße unter Mutters Esstisch zu stecken, nein, er musste zur Komplettierung seiner Ausbildung nochmals in die Fremde ziehen. Diesmal ging es nach Leipzig in eine große Druckerei, in der er „Voluntär" sein durfte. 1877 war es dann so weit: Der nun 25-jährige Erbe trat in die Firma ein und übernahm die Leitung der Druckerei und des Wiesbadener Tagblatts. Mit Louis Schellenberg zog das Industriezeitalter mit leistungsstarken Maschinen endgültig auch in Wiesbadens Langgasse ein.

Das Wiesbadener Tagblatt war, zwar im größeren Format, noch immer ein Anzeigenblatt, das mit Fortsetzungsromanen Leser lockte. Nur 1866 mussten auf Anweisung des preußischen Siegers etliche Proklamationen abgedruckt werden, so das Patent der Besitzergreifung von Nassau durch Preußen. Von den epochalen Veränderungen aber, die in dieser Zeit vor sich gingen, stand nichts im Blatt.

Nichts von Otto von Bismarck, der inzwischen preußischer Ministerpräsident geworden war, nichts vom glorreichen Feldzug von 1870/71, nichts von der Proklamation des preußischen Königs im Schloss von Versailles durch die deutschen Fürsten zum Kaiser Wilhelm I. und nichts von der Gründung des Deutschen Reiches. Nach und nach aber folgten den Anzeigen zwei bis drei Seiten Text: Neben den Romanen waren das jetzt die Rubriken „Lokales und Provinzielles", „Aus dem Reiche", „Vermischtes" und „Kunst, Theater, Concerte". Die fulminante Entwicklung des Wiesbadener Tagblatts zur meistgelesenen Zeitung im Territorium des ehemaligen Herzogtums Nassau im Stile der parteipolitisch neutralen Generalanzeiger setzte 1889 mit der Berufung Walther Schulthe vom Brühls zum Chefredakteur ein. Bald schon brachten die Träger den 12 000 Abonnenten das Tagblatt zweimal täglich ins Haus: die Morgenausgabe mit dem Schwerpunkt Anzeigen und abends das Blatt mit den aktuellen Nachrichten. Von den 40 bis 60 Seiten der Morgenausgabe entfielen zwei bis drei Seiten auf Romane und immer acht Seiten auf eine am Schluss gebrachte „Nachrichten-Beilage zum Wiesbadener Tagblatt", alle anderen Seiten waren zur Freude des Prinzipals mit Anzeigen gefüllt.

Schon im ersten Jahrzehnt seines Wirkens begann Louis Schellenberg mit der Modernisierung des Maschinenparks und durch Zukäufe benachbarter Grundstücke mit dem Arrondieren des Betriebsgeländes. Es kam wohl auch zu Um- und Neubauten. Sein Lebenswerk und sein ganzer Stolz war die Errichtung des in der Fachwelt „Zeitungspalast" genannten Druckerei- und Verlagsgebäudes, dem dieses Buch gewidmet ist. Zwar gehörte sein Herz auch der engeren nassauischen Heimat, was sich in zahlreichen historischen Beiträgen im Tagblatt und dem von ihm herausgegebenen, liebevoll ausgestatteten „Alt-nassauischen Kalender" dokumentiert, doch war er mit ganzer Seele im guten Sinne preußischer

Der Bauherr des Pressehauses: Verleger Louis Schellenberg (1852–1920).

Patriot. Davon zeugen der Ehrgeiz, mit dem er es zum preußischen Leutnant der Reserve brachte, und der Stolz, mit dem er den ihm 1894 verliehenen Titel „Königlich Preußischer Hofbuchdrucker" führte, und der deshalb auch seine Grabplatte ziert. Gestorben ist er nach längerer Krankheit 1920 in seinem 69. Lebensjahr.

Im Laufe eines Jahrhunderts hatten drei Generationen Prinzipale aus einer Offizin mit drei hölzernen Druckerpressen einen modernen Industriebetrieb geschaffen, in dem mehr als einhundert Mitarbeiter ihr Brot verdienten.

Benutzte Literatur

Müller-Schellenberg, Guntram: Von Napoleon bis Adenauer. Die Schellenberg'sche Hofbuchdruckerei: Ein Stück Wiesbadener Pressegeschichte im Spannungsfeld von Kultur, Wirtschaft und sozialen Verhältnissen. Taunusstein (in Vorbereitung, hier umfassende Quellen- und Literaturangaben).

Seit zweitausend Jahren besiedelt

Die Nachbarschaft in der Langgasse und Wagemannstraße

Von Jörg Hofmann

Im späten 19. Jahrhundert hatte das Schellenberg'sche Druck- und Verlagshaus wachsenden Raumbedarf. Durch Ankäufe und bauliche Maßnahmen reichte das Betriebsgelände noch vor Baubeginn des neuen Tagblatthauses von der Langgasse bis zur Wagemannstraße. Das Pressehaus berührt seit diesen Tagen also zwei Straßen, die jede auf ihre Weise historische Bedeutung für die Stadt und ihre Entwicklung hat.

Die Langgasse darf mit Recht als älteste Straße Wiesbadens gelten. Angelegt in Zeiten der römischen Besatzung, verband sie die zwei eigentlichen Siedlungen. Während der ältere Ort bereits um das Jahr 4 nach Christus mit Wohnhäusern und Markt im Bereich des Mauritiusplatzes angesiedelt war, hatten die Römer schon bald die heißen Quellen im Bereich des Kranzplatzes für ihre Zwecke erschlossen und beide Bereiche mit einem Weg verbunden.

Ausgrabungen, insbesondere nach dem Abriss des Badehotels Adler zwischen Römertor und Bärenstraße um 1900, förderten die Überreste von Tempeln, Quellanlagen, Badehäusern und Saunen aus römischer Zeit zu Tage, die einst diesen Verbindungsweg gesäumt hatten. Mit dem Bau der Heidenmauer im vierten Jahrhundert unmittelbar vor ihrem Abzug kappten die Römer diese Verbindung.

Das Quellgebiet, später Sauerland genannt, lag schutzlos da und hatte über Jahrhunderte mit der im Mittelalter an der mächtigen Mauer endenden Stadt nichts zu tun.

Diese engen Grenzen der Stadt – des Fleckens – wurden erst gesprengt, als die Mauer zu einem guten Stück durchbrochen und teilweise ganz abgetragen wurde. Das geschah im Zuge der „Eingemeindung" und Umfriedung des Sauerlandes durch Graf Adolf III. von Nassau Anfang des 16. Jahrhunderts. Dahinter steckten knallharte wirtschaftliche Interessen, denn das seit dem 14. Jahrhundert aufstrebende Badewesen, dessen Einkünfte weitgehend an der Stadt vorbeiflossen, reizten zu diesem Schritt.

Wiener Feinbäck

Zu Seite 48/49: Schiefer und Sandstein: Blick auf die benachbarte Dachlandschaft.

Mit dieser Stadterweiterung wurden die seitherigen Befestigungsanlagen überflüssig – so auch der alte Wassergraben, der 1630 zugeschüttet wurde. Auf dem so gewonnenen Baugelände konnten die ersten Bewohner der noch jungen Wagemannstraße – sie hieß seinerzeit Juden- oder Metzgergasse – ihre Häuser errichten. Auch die Langgasse, von der trennenden Mauer weitgehend befreit, wurde wieder „in Betrieb" genommen und in den Folgejahren rasch beidseitig bebaut. Durch das aufstrebende Badewesen erlangte sie bald große Bedeutung. Hier ließen sich Gastwirte, Handwerker und Geschäftstreibende nieder. Sieht man von den inzwischen verschwundenen Hotels ab, hat sich das bis heute nicht geändert.

In der Metzgergasse, in der vor dem „Umzug" in die Spiegelgasse das Bethaus der Wiesbadener Juden zu finden war, waren die Wiesbadener Metzger ansässig zu den Zeiten, in denen sich Handwerkszünfte häufig konzentriert in einer Straße niederließen – wie etwa die Töpfer in der Häfnergasse. Für die Metzger war die Nähe zum Bäckerbrunnen ausschlaggebend. Hier konnten sie das geschlachtete Borstenvieh abbrühen. Aus diesem Grund befand sich direkt am Bäckerbrunnen, also am Eingang der heutigen Grabenstraße, bis 1884 auch das Wiesbadener Schlachthaus.

Internationale Schlagzeilen machte die Metzgergasse im 19. Jahrhundert, genau gesagt, am 28. April 1873. Gendarmen entdeckten an diesem Tag in der Metzgergasse ein Plakat, das zur „Demolierung und Verbrennung des Wagemannschen Hauses" aufrief. Jean-Baptiste Wagemann war einer von drei Großbäckern der Stadt und wurde auch aufgrund seiner politischen Tätigkeit in der Steuerschätzungskommission vor allem von den erstarkenden Sozialdemokraten als Symbolfigur des reichen Bürgertums betrachtet. Im Verlauf des Tages kam es zu schweren Krawallen, derer die Polizei nicht Herr wurde. 50 berittene Soldaten mit blanken Säbeln mussten schließlich die Straße „reinigen". Es gab 22 Verhaftungen.

In der ausländischen Presse, besonders in Paris, wurde über diesen „Brotkrawall" berichtet, dessen Hintergrund die zuletzt massiv gestiegenen Brotpreise gewesen sein dürften. Wagemann verkaufte übrigens noch im selben Jahr seine Brotfabrik in der Metzgergasse und widmete sich künftig noch intensiver der Stadtpolitik, 1899 wurde er zum Stadtältesten ernannt. Noch zu seinen Lebzeiten, nämlich 1913, wurde die Metzgergasse nach ihm benannt – sicher auch ein Seitenhieb konservativer Kreise 40 Jahre nach dem Brotkrawall. Wagemann starb 1929 hochbetagt mit 93 Jahren.

Das Pressehaus schwimmt

Der hundertjährige Bau liegt mitten im Wiesbadener Quellenviertel

Von Katja Rietze

Das Pressehaus schwimmt. Es würde sogar untergehen, würde das Wasser nicht alle paar Minuten aus dem Keller gepumpt. Der Grund: Es steht mittendrin im Heilquellengebiet. Mit dem Kochbrunnen, der Schützenhof-, Salm- und Adlerquelle sprudeln mehr als 15 größere und kleinere Quellen in der Umgebung. Die Kaiser-Friedrich-Therme ist in unmittelbarer Nähe. Seit dem Bau des Pressehauses bahnt sich das Quellwasser seinen Weg durch Fundament und Mauerwerk.

Und das hat in der Vergangenheit für viel Ärger gesorgt. „Je nach Witterung hat das Wasser mal mehr und mal weniger hoch in den Räumen gestanden", erinnert sich Oskar Brunnenstein. Der Haustechniker und Installateur mit dem passenden Namen ist zusammen mit seinen Kollegen Manfred Ott und Giovanni Failla

„Schwimmendes Pressehaus": Wassersammelbecken im unteren Kellergeschoss.

Schweißtreibende Arbeit: Hausmeister Manfred Ott bei seiner unterirdischen Beschäftigung.

seit vielen Jahren Herr über das Wasser im Pressehauskeller. Heute ist das Wasser soweit unter Kontrolle – dank Drainagen, die vor 20 Jahren ins Fundament eingezogen wurden. Und eben dank der Pumpen. Es sind drei. Sie alle sind miteinander vertaktet. Fällt eine aus, ertönt ein lauter Alarm, dann springt eine andere an und pumpt das Wasser aus dem Sammelbecken in den Kanal. „Wenn das Wasser nicht alle drei bis fünf Minuten abgepumpt wird, würde es innerhalb von nur vier Stunden so hoch stehen wie in einem Schwimmbad – und sich in kürzester Zeit ins daneben liegende Zentrallager durchdrücken", malt sich Brunnenstein aus.

Kummer macht ihm das Quellwasser, selbst wenn die Pumpen einwandfrei funktionieren. Durch Inhaltsstoffe wie Eisen, Arsen, Mangan, Kieselerde und Natrium ist das Wasser sehr aggressiv. Wo es aus der Pumpe auf den gefliesten Boden tropft, sind die Fliesen zerfressen. Die Edelstahlpumpe selbst hält dem sauren Wasser nur höchstens drei Jahre stand. Dann müssen Pumpe und Rohre ausgetauscht werden.

Aber das Wasser bringt noch ein Problem mit sich: Sinter. Kommt es aus der Erde, ist das Wasser etwa 42 bis 45 Grad warm und glasklar. Erst wenn es mit Luft in Berührung kommt, bringt der Sauerstoff die Eisenbestandteile darin zum Oxidieren. Das Eisen rieselt in kleinen, roten Flocken auf den Grund des Sammelbeckens. Den roten Schlamm kennen viele Wiesbadener aus dem Kochbrunnen. Wird dieser gereinigt, kommen sie in Scharen und holen sich eine Portion Sinter ab. Das Salz, das sich mit dem Eisen und den anderen Inhaltsstoffen absetzt, soll gut für die Haut sein – ähnlich wie das Wasser aus dem Toten Meer.

Was für die Fans des Kochbrunnens ein Segen ist, ist für Oskar Brunnenstein ein Fluch: Der Sinter setzt sich als roter Schlamm im Becken ab und droht den Schwimmer der Pumpe zu verstopfen. Eine Blockade der Pumpe wäre die Folge. Deshalb müssen Brunnenstein und seine Kollegen die Ablagerungen regelmäßig abschöpfen. In großen Eimern wird der Sinter dann gelagert, bis er ganz trocken ist. Erst dann kann er entsorgt werden.

Im alten Rom als Haarfärbemittel benutzt: Aus trocknendem Quellwasserschlamm entsteht Sinter.

Im Sammelbecken im Keller – es ist etwa so groß wie eine Badewanne und ebenso mit warmem Wasser gefüllt – hat der Sinter eine rötliche Landschaft entstehen lassen, die wie ein Miniatur-Grand-Canyon aussieht. Das Wasser wird durch drei Rohre aus den Drainagen über den Betonboden zum Becken geleitet. Damit sie dem gefräßigen Wasser möglichst lange widerstehen können, bestehen die Rohre aus beständigem Kunststoff: Epoxidharz. An den Stellen, an denen sie zusammengesteckt sind, haben sich viele kleine Salzkristalle gebildet.

In dem niedrigen Raum unter den übrigen Kellerräumen ist es warm, die Luft ist feucht. Es riecht salzig. Fast wie in einem der alten Thermalbäder. Nach Wellness sieht es im Pressehauskeller aber nicht gerade aus. Alles ist mit rötlichem Staub bedeckt. Über eine kleine Leiter gelangt man in den kargen Raum, der so niedrig ist, dass man gebückt stehen muss. Es gluckert, plätschert. Alle paar Minuten brummt die Pumpe. Und zu einer Wellness-Oase wird das Pressehaus trotz heißen Quellwassers auch künftig nicht werden. „Vor fast zehn Jahren haben wir ein Gutachten in Auftrag gegeben. Dabei kam heraus, dass es zu aufwendig und auch zu teuer wäre, das Wasser irgendwie nutzbar zu machen“, sagt Brunnenstein.

Zum Sinter:

Das salzhaltige Wasser der Wiesbadener Quellen hat für die Haut eine ebenso heilende Wirkung wie das Wasser des Toten Meeres. Das wussten bereits die Römer im alten Aquae Mattiacorum. Und sie waren es auch, die sich den Sinter zu Nutze machten. Sie schöpften den roten Schlamm ab, der sich in ihren Kanälen ablagerte, und ließen ihn aushärten. Als Mattiacische Kugeln nahmen sie die Brocken mit zurück nach Rom. Die Römerinnen sollen sie gemahlen und sich damit die Haare rot gefärbt haben.

Viele Fakten, wenig Wertung

Das Wiesbadener Tagblatt in der Weimarer Republik

Von Hans Dieter Schreeb

Die Zwanzigerjahre, die Golden Twenties, haben sich als das Jahrzehnt von Jazz und Tango, von Wandervögeln und Stummfilmen eingeprägt. Sie waren die Jahre, in denen die Menschen gleich zweimal ihr Geld verloren und in denen die Arbeitslosen in langer Reihe an Suppenküchen anstanden. Es waren politisch aufregende Zeiten – mit Besatzung (in Wiesbaden bis 1930), immer neuen Kanzlern, Truppen von Bewaffneten, die wie künftige Bürgerkriegsarmeen umhermarschierten. Mit einem Wort, die Zeitungen hatten keine Mühe, ihre Seiten zu füllen.

Zu den Zeitungen, die Tag für Tag (auch sonntags) Weltgeschehen und lokale Ereignisse in Form gut verständlicher Artikel ins Haus brachten – garniert mit sehr wenigen Schwarz-Weiß-Fotos –, gehörte auch das Wiesbadener Tagblatt. Es war damals die führende Zeitung der Stadt, aber nicht die einzige. Der Leser konnte nach Belieben auswählen. Neben dem Tagblatt existierte die Neue Wiesbadener Zeitung, ein Blatt aus dem Huck-Konzern, der etliche „Generalanzeiger" verlegte; renommierte Zeitungen der zweiten Reihe. Gegen Ende der Zwanzigerjahre brachten die Nazis ein lokales Blättchen namens Rheinwacht heraus: das übliche nationalsozialistische Gegeifere. Sein Nachfolger wurde im September das Nassauer Volksblatt. Ab 1933 wurde das Volksblatt mit aller Macht zur Nummer eins der Wiesbadener Zeitungen hochgepuscht.

Das Zentrum gab die Rheinische Volkszeitung heraus. Sie wurde von ihrem eigenwilligen und selbstbewussten Chefredakteur Dr. Franz Geuecke geprägt. Er galt als Vordenker der christlichen Soziallehre. Was er zur Bildung einer Rheinischen Republik und den Separatistenumtrieben des Dr. Hans Adam Dorten zu sagen hatte (diese fanden 1919 und nochmals 1923 statt und nahmen jeweils ein schmähliches Ende), wirbelte viel Staub auf. Geuecke musste deswegen seine führende Stellung in der Zentrumspartei aufgeben, blieb aber Chefredakteur der Volkszeitung und schrieb, so lange es möglich war, engagierte Leitartikel, auch und gerade gegen die

Zu Seite 56/57: Vorratshaltung im Pressehauskeller: Papierballen für die Rotation.

Nazis. 1942 wurde er in einem KZ ermordet. Die Wiesbadener Sozialdemokraten lasen während der Zwanziger- und zu Beginn der Dreißigerjahre ihre Volksstimme.

Wenn man sich mit der Geschichte der Wiesbadener Presse beschäftigt, fällt auf, wie wenige Redakteure und freie Mitarbeiter damals eine Zeitung machten. Chefredakteur des Tagblatts war in den Zwanzigerjahren Hermann Lekisch. Er war Jude und ein in jeder Hinsicht zurückhaltender Mensch. Beide Eigenschaften waren in diesen Jahren ohne Bedeutung. Man erwartete von einem Chefredakteur nicht, dass er in der Öffentlichkeit eine besondere Rolle spielte. Tat er es dennoch, wie Dr. Geuecke, dann aus eigenem Antrieb. Dass Lekisch Jude war, wurde erst 1933 bedeutsam. Kaum hatten die Nazis die Macht übernommen, trennte man sich rasch und „in gegenseitigem Einvernehmen", wie man das heute formulieren würde.

Das Tagblatt erschien täglich. Zu Beginn der Zwanzigerjahre hatte die Zeitung eine Auflage von knapp 20000 Exemplaren und acht (sehr eng bedruckte) Seiten Umfang. Die Auflage steigerte sich während des Jahrzehnts nicht wesentlich, allerdings der Umfang. Ende des Jahrzehnts und zu Beginn der Dreißigerjahre waren achtzehn Seiten plus zwei Seiten Unterhaltungsbeilage die Norm. Wenn man bedenkt, dass die Stadt vor der Eingemeindung der Vororte nur 100000 Einwohner zählte, waren 20000 Abonnenten eine stattliche Zahl. Zur genannten Konkurrenz kamen ja noch lokale Zeitungen für Biebrich, Erbenheim, Dotzheim und Bierstadt.

Louis Schellenberg, der Mann, der das Wiesbadener Tagblatt im Wesentlichen geschaffen und geprägt hat, starb im Jahre 1920. Seine Witwe Marie und seine Tochter Bertha steuerten nun den Verlag (L. Schellenberg'sche Hofbuchhandlung) und die Zeitung durch die extrem schwierigen zwölf Jahre von 1920 bis 1932. Sie mussten die Inflation von 1923 überstehen; die zweite große Herausforderung war dann die Wirtschaftskrise am Ende der Zwanziger- und zu Beginn der Dreißigerjahre: ständig steigende Kosten bei ständig sinkenden Annonceneinnahmen. 1932, nach dem Tode Marie Schellenbergs, übernahm ihr Sohn Gustav die Leitung des Wiesbadener Tagblatts und der Druckerei – Botanik-Professor in Göttingen und schon fünfzig, als er als Zeitungsmensch anfing.

Blättert man heute die alten Bände im Tagblatt-Archiv durch, fällt auf, wie ruhig der Ton der Zeitung war. Mochte vor den Toren des eleganten, für die Zeit hochmodernen Tagblatt-Hauses in der Langgasse geschehen, was wollte. Die Überschriften waren sachlich, die Texte knapp; viel Fakten, wenig Wertung. Das gilt für die große Politik wie für das lokale Geschehen.

„Heil Hitler, Heil Deutschland!"

Das Wiesbadener Tagblatt in den Jahren 1933 bis 1943

Von Hans Dieter Schreeb

Am 30. Januar 1933 wurde Adolf Hitler, damals 43 Jahre alt und „Führer" der NSDAP, vom Reichspräsidenten Paul von Hindenburg zum Reichskanzler ernannt. Für die meisten kam diese Entscheidung des greisen Mannes an der Spitze des Staates überraschend, so hatte man sich den Beginn von Hitlers Tausendjährigem Reich nicht vorgestellt. Fast alle bürgerlichen Zeitungen berichteten ausgesprochen vorsichtig über Hitlers Ernennung und die Entwicklung der nächsten Tage. Alles schien möglich. Und wenn Hitler etwas verstand, dann war es die Täuschung seiner Gegner.

Anfang Februar empfing er eine Anzahl leitender Redakteure der Berliner und in Berlin vertretenen großen Zeitungen des Reiches. Er versicherte den Herren, er und die übrigen Mitglieder der Reichsregierung hätten keineswegs die Absicht, die Presse zu knebeln. Sachliche Kritik sei nützlich und notwendig. Wenn sie auch manchmal den Politikern unangenehm sei, so treibe sie die Dinge doch vorwärts und zwinge die Regierenden, gut zu arbeiten.

Nach diesen Versicherungen stand für die Herren von der Presse fest, die widerlichen Aktionen von SA und SS, die in verschiedenen Städten und bei verschiedenen Zeitungen (vor allem der linken und der kirchlichen Presse) Zensur ausüben wollten und Terror verbreiteten, seien nichts als Überschwang untergeordneter Kräfte, die auch mal was sein wollten und die bald gezähmt würden.

Es kam, wie es die Linke vorausgesagt hatte: Terror und permanenter Rechtsbruch, das „Ermächtigungsgesetz" und die Gleichschaltung von Parlament, Verwaltung, Wirtschaftsverbänden und Vereinen. Es wurden Konzentrationslager eingerichtet, „Staatsfeinde" inhaftiert, gedemütigt und gefoltert. Über alles wurde in der Zeitung berichtet – immer in vorsichtiger Form, in Umschreibungen, immer im Vertrauen darauf, dass die Leser zwischen den Zeilen lesen konnten.

Wiesbadener
Tagblatt
Tagblatt
Zweigstelle
Bismarckring 10
Wiesbaden
Wöchentlich
Aelteste u. gelesenste
Tageszeitung
Wiesbadens.
Zweigstelle
Arbeitsmarkt des Wiesbadener Tagb
Ausgabe werktäglich von abends
Stets die neuesten Stellengesuche und Stellenangebote
Wiesbadener
Tagblatt
Arbeitsmarkt
Wiesbadener
Tagblatt
Neueste
Telegramme

gblatt.
agblatt
Ausgaben
Grösstes
eigenblatt
badens sowie Nassaus.
ckring 19.
Wetterberichte.
Eingang
zu den
Tagblatt
Schaltern
Wiesbadener
Tagblatt
Neueste
Telegramme.

Zu Seite 60/61: Kundennähe am Bismarckring 19: Das Haus mit der Tagblatt-Zweigstelle wurde im Krieg zerstört.

Das Wiesbadener Tagblatt, auch früher vorsichtig im Ton, rutschte – fast unmerklich – etwas mehr nach rechts, betonte die nationale Sicht der Dinge etwas stärker, blieb aber im Kern, was es immer gewesen war: ein bürgerliches Blatt.

Verleger war seit 1932 Dr. Gustav Schellenberg, geboren 1882 und außerordentlicher Botanikprofessor an der Universität Göttingen. Wie Professor Schellenberg zu den Nazis stand, erfährt man eher aus seiner Betriebszeitung als aus dem Tagblatt. Die Nummer 1 dieses schmalen Mitteilungsblattes für die Mitarbeiter der Zeitung erschien am 1. August 1934. Gustav Schellenberg bezeichnet sich in seinem Grußwort als „Betriebsführer" und unterzeichnet seinen Beitrag mit „Heil Hitler, Heil Deutschland!".

Botanikprofessor und Tagblatt-Chef: Verleger Gustav Schellenberg (1882–1963).

Wenn man will, kann man in diesem „Heil Deutschland" eine diskrete Distanzierung von den Nationalsozialisten erkennen; das vorgeschriebene „Heil Hitler" ging ihm anscheinend nicht so leicht über die Lippen beziehungsweise in die Feder. In den folgenden Ausgaben der alle vierzehn Tage erscheinenden Betriebszeitung erfährt man, dass es geschäftlich langsam wieder aufwärts gehe. Der Abonnentenstamm habe sich vergrößert, das Inseratengeschäft hapere noch. Insgesamt müsse leider weiterhin an Kurzarbeit festgehalten werden.

Auf Anordnung der Reichspressekammer wurde die Betriebszeitung zum 30. Mai 1936 eingestellt. Die Verfügung traf alle Organe dieser Art; die WT-Betriebszeitung hat sich jedenfalls nichts zuschulden kommen lassen. Liest man diese betriebsinterne Zeitung sehr kritisch, kann man sagen: Die Tagblatt-Mitarbeiter, vom Herausgeber angefangen, haben keinen Widerstand geleistet, aber man findet auch kein enthusiastisches Werben für die Partei oder auffallenden Beifall für deren Leistungen. Man hat mitgemacht.

Am Mittwoch, 30. Juni 1943, wandte sich die Redaktion dann „An unsere Leser". „Kriegsbedingte Notwendigkeiten, die im Rahmen des totalen Einsatzes alles an Menschenkraft und Material auf allen Gebieten erforderlich machen, haben zu der kameradschaftlichen Vereinbarung geführt, das Wiesbadener Tagblatt mit dem Nassauer Volksblatt zur Wiesbadener Zeitung zusammenzulegen. Die neue Tageszeitung wird künftig allen Volksgenossen in unserer engeren Heimat Kenntnis geben von den Ereignissen, die das Erleben des deutschen Volkes bilden und unser Leben bestimmen. Wir folgen dabei der Parole des Führers: Alles für den Sieg."

Selbstverständlich hatte sich der „Endkampf" zwischen Partei und Tagblatt nicht so freundschaftlich-kameradschaftlich abgespielt, wie er den Lesern verkauft wurde. Vom ersten Tag an hatten die Nazis von der „pressemäßigen Überbesetzung" geredet; die Wiesbadener Zeitung musste bereits 1936 ihr Erscheinen einstellen. 1943 durfte die Familie Schellenberg zwar ihr Vermögen behalten; das Pressehaus und die Maschinen mussten sie aber an das Naziblatt Nassauer Volksblatt abgeben.

„Aus“ für ein Traditionsblatt

Das Wiesbadener Tagblatt und die Nachkriegszeit

Von Hans Dieter Schreeb

Am 28. März 1945, einem Mittwoch, besetzte die US-Army Wiesbaden. Für die Stadt endete hiermit der Zweite Weltkrieg. Wohin die Amerikaner auch kamen, als Erstes verboten sie die örtlichen und überörtlichen Zeitungen. In Wiesbaden war in den letzten Wochen vor dem „Zusammenbruch“ sowieso nur ein Notblättchen mit den üblichen Durchhalteparolen herausgekommen. Das damalige Tagblatt-Haus in der Langgasse 21 und seine Technik hatten den Krieg tapfer überstanden. Doch Professor Gustav Schellenberg, dem Verleger seit 1932 und Besitzer des Verlags in vierter Generation, wurde nicht erlaubt, im eigenen Haus und mit den eigenen Maschinen weiterzumachen, wo er 1943 auf Druck der Nazis hatte Schluss machen müssen.

Es gehört nicht viel dazu, sich Schellenbergs Empfindungen vorzustellen. Ihm musste es vorkommen, als sei er innerhalb von zwei Jahren gleich zwei Mal enteignet worden. Um ihre Befehle und Anweisungen bekannt zu machen, brachten die Amerikaner anfangs „Mitteilungen für den Stadtkreis Wiesbaden“ heraus, zweimal pro Woche zwei Blatt Papier. Nach einer Übergangsphase kamen dann ab Herbst 1945 sogenannte Lizenzzeitungen heraus – deutsche Zeitungen, von Deutschen für Deutsche gemacht. Ihre Herausgeber und Chefredakteure wurden sehr sorgfältig ausgewählt; Lizenzen erhielten nur Herren, deren demokratische Gesinnung über jeden Zweifel erhaben war. Mit den niederen Chargen von gestern – Redakteuren und Reportern – gingen die Amerikaner pfleglich um. Der überwiegende Teil von ihnen konnte nach überstandener „Entnazifizierung“ in den Beruf zurückkehren. Und das taten sie denn auch.

Briten und Franzosen waren allerdings noch weniger puristisch. Sie wollten Leute, die mit ihnen zusammenarbeiteten. Was diese vorher gemacht hatten, wurde nicht auf die Goldwaage gelegt. Bei der neu gegründeten Allgemeinen Zeitung in Mainz arbeiteten vor allem bedeutende Federn aus der ruhmreichen Frankfurter

Zeitung, die selbst während des Dritten Reiches eine Sonderstellung und eine gewisse Freiheit hatte behalten dürfen.

Erich Dombrowski, der Chefredakteur der AZ, 1882 geboren, war schon in den Zwanzigerjahren eine bedeutende Persönlichkeit des deutschen Journalismus. Er engagierte Paul Korn, Paul Sethe und Erich Welter, allesamt renommierte Journalisten. Zusammen mit Erich Dombrowski gründeten sie 1949 die Frankfurter Allgemeine Zeitung, die sich als Nachfolgerin der alt-renommierten Frankfurter Zeitung verstand, diese an Internationalität und Auflage aber bald überflügelte.

Erst am 23. Mai 1949 – da stand die Gründung der Bundesrepublik Deutschland an – wurde die Lizenzpflicht aufgehoben. Bis dahin war der Kurier die einzige Zeitung in Wiesbaden. Sieht man von einem Boulevardblatt mit dem Titel „WZ am Abend" ab, das 1948 zum ersten Mal angeboten wurde, aber nur ein kurzes Dasein hatte. Ab 1949 kam's also wieder aufs Kapital an.

In Wiesbaden versuchte die Allgemeine Zeitung aus Mainz mit einem eigenen Lokalteil dem Kurier, dem jetzigen Platzhirsch, Konkurrenz zu machen. Auch Professor Gustav Schellenberg, nun bereits im Rentenalter, versuchte noch einmal sein Glück.

Die erste Ausgabe des Tagblatts nach der Zwangspause brachte er im September 1949 heraus. Die Traditionszeitung hatte eine Startauflage von 90000 Exemplaren bei 28 Seiten Umfang. Die ersten Ausgaben wurden kostenlos verteilt und in den ersten beiden Oktoberwochen allen neuen Abonnenten die Zeitung zum Nulltarif zugestellt. Selbst noch Ende Oktober wurden täglich 25000 Exemplare kostenlos verteilt. Eine sehr kostspielige Werbemaßnahme, aber bei dem Vorsprung, den der Kurier gewonnen hatte, sicher unumgänglich.

Bereits am 1. Oktober 1949 schloss sich der Rheingauer Bürgerfreund dem Wiesbadener Tagblatt an. Anfang 1950 folgten der Aar-Bote in Bad Schwalbach und die Idsteiner Zeitung aus dem Hause Grandpierre.

Der jetzige WT-Lokalchef Heinz-Jürgen Hauzel in einem Rückblick: „Man begann buchstäblich bei null. Alles musste neu organisiert werden. Für Verlag, Redaktion und Setzerei wurde der Hinterbau der alten Herrnmühle ausgespäht und für seine Bestimmung so zweckmäßig wie möglich hergerichtet. Bis später das Vorderhaus entstand, war notgedrungen räumlich alles ein wenig beengt. Rücksichtnahme jedes Einzelnen war das Gebot der Stunde. Die in Berlin ansässige Druckerei Chmielorz verfrachtete ihre Linotypes und montierte sie im obersten Stock des Hinterhauses an der Herrnmühlgasse 11. Durch die Luft erreichte die letzte Setzmaschine nicht lange vor dem ersten Erscheinen des neuen WT am 17. September 1949 den Hof mit Mühe und Not. ... Die ersten Ausgaben des Wiesbadener Tagblatts wurden noch – in Lohndruck – in der Langgasse gedruckt, danach suchte sich Schellenberg eine andere Möglichkeit, die jedoch sehr kostspielig wurde."

Die Anfangskosten wurden zu Anfangsverlusten. Am 19. August 1950 teilte Professor Schellenberg seinen Lesern mit: „Ein Jahr stärkster Anstrengungen liegt nun hinter mir. Dank der Treue und Anhänglichkeit der Leser ist es mir mit meinen Mitarbeitern gelungen, die bezahlte Auflage auf rund 20000 Exemplare am 1. Juli zu bringen. Um den bis jetzt erzielten beachtlichen Erfolg auf lange Dauer sicherzustellen, zumal der Geldbedarf für ein Zeitungsunternehmen heutzutage die Kräfte eines Einzelnen übersteigt, habe ich mich entschlossen, die Erfahrungen und die Leistungskraft eines befreundeten Verlages, der ebenfalls auf eine hundertjährige Tradition zurückblicken kann, dem Unternehmen nutzbar zu machen. . . . Demnächst wird das Wiesbadener Tagblatt in der Wiesbadener Zeitungsverlag GmbH erscheinen, die ich mit der Mainzer Verlagsanstalt und Druckerei Will und Rothe Kommanditgesellschaft gegründet habe."

In der Praxis bedeutete das, dass das Tagblatt mit der Allgemeinen Zeitung vereinigt wurde, aber weiter unter dem alten, vertrauten Namen in Wiesbaden und Umgebung erschien.

Es wohnen Geister im Pressehaus

Verborgene und kuriose Winkel im Verlagsgebäude

Von Viola Bolduan

Mein Name ist Samuel, und ich wohne im kleinen Geisterkämmerchen auf der dritten Etage. Fast könnte man meinen, in der Feuilletonredaktion des Pressehauses. Fast. Ich höre zwar Arbeitsgeräusche – auf der Computertastatur, aus Konversation und Konzentration, nehme aber aktiv nicht teil am Tagesgeschäft der Zeitung. Meines ist eines der Nacht, wenn ich mich durch das Dunkel der Hausgeschichte arbeite. Trotzdem bin ich beruhigt, dass manchmal menschenähnliche Gestalten um mich herum sind. Ich, Samuel, nämlich bin keine Person, sondern eine Vision. Präziser: im Moment eine schriftliche Konkretation aus dem zweiten Buch von unten, im fünften sich vom Boden auftürmenden Stapel links, im Geisterkämmerchen auf der dritten Etage. Zugang über Raum 309.

„Geisterkammer" im Pressehaus: Ein Räumchen der Feuilletonredaktion ist kaum mehr als einen Meter breit.

Hautnah bin ich umgeben von Hunderten meinesgleichen: literarische Figuren, die sich im Laufe vieler Jahrzehnte hier in der Kammer angesiedelt haben. In dieser Gesellschaft fühle ich mich wohl – wenn aber alle auf einmal anfangen, von sich zu erzählen, verdünnisiere ich mich durchs Schlüsselloch und mache meinen Rundgang durch das Haus. Ich bin auf der Suche nach alten, ebenfalls in diesem hundertjährigen Bau spukenden Kameraden. So warte ich beispielsweise schon seit langem auf einen Wassertropfen. Den Hahn nämlich dazu gibt es. Der sitzt an einem Fenster neben der Treppe zwischen drittem und zweitem Stock. Mein Freund, das kunstgeschlosserte schmiedeeiserne Geländer gegenüber, weiß auch nicht, wohin die zugehörige Wasserleitung verschwunden ist und was ein Hahn am Fenster soll. Rausgucken? Dieser einsame Hahn ohne praktische Verwendungsfähigkeit tut mir leid, weshalb ich mich unter ihn kaure und ihm – wenn auch ungehört – aus meinem Buch erzähle.

Unten übrigens, seitdem auch das Foyer ständig wieder Geräusche macht, weil immerfort dort etwas stattfindet, werden mitunter auch Bücher vorgestellt – ich aber darf nie mit dabei sein. Aus Enttäuschung verdrück' ich mich bei solchen Auf-

Eine der vielen Haus-Kuriositäten: Aus dem einsamen Wasserhahn an einem Fensterrahmen im Treppenhaus kommt kein Tropfen.

tritten in den Raum hinter der Leinwandfront. Hier bin ich in Kontakt mit etlichen geselligen Holzwürmern, die leise durch all die Vertäfelungen kriechen, die den Raum so wunderbar auskleiden bis hinauf zur Galerie, auf der aber auch meine Begleittiere schleunigst abbremsen müssen, wenn sich der Galeriengang sehr abrupt an der hochgezogenen Wand eine blutige Nase holt. Früher wäre hier ein Fortkommen wohl möglich gewesen.

So stelle ich es mir übrigens auch vor, wenn ich vor diesen alten, schönen, bleiverglasten Türen im Treppenlauf stehe, die ich besser nicht öffne. Ich fiele ja ins jähe Nichts! Ich passe aber auf und blase mir aus den Zeilenzwischenräumen meines Buches ein Luftkissen und lande sanft auf den Kacheln des Innenhofs. Es wurde mir freilich von der eisernen Klinke zugeraunt, dass in früheren Zeiten auch für Menschen gangbare Wege aus dieser Tür in den Zwischenstock führten.

Immer wieder Jugendstil: schmuckvolles Treppenhausgeländer.

Heute gibt es stattdessen ein Dach für die Menschen, die sich zwischen Blattpflanzen in den beiden Innenhöfen eine Rauchpause nehmen. Auch die Pflanze, die maßgeblich zur Zierde der hinteren Steintreppe beiträgt, kann von solcher Art menschlicher Gesellschaft ein Liedchen singen. Ich höre ihr gerne zu auf dem Weg zum feudalen Holzportal, das weite Teile der Lokalredaktion – ich möchte

In anregendem Ambiente: Besprechungsraum im Erdgeschoss.

doch meinen – beschützt. Unterhalb drücke ich auf einen Klingelknopf. Eine Klingel, um die Redaktion zur Arbeit zu rufen? Mitnichten, behauptet das papierbestückte Gerät in der Nähe. Die würde immer arbeiten, weswegen die Klingel auch nicht funktionieren müsse. Mit den Geräten übrigens kann ich so viel nicht anfangen (ich lehne eine Kopie oder Faxgestalt meiner selbst ab), schon mehr mit meiner Freundin Stukkatur im Sekretariatsoval. Wir verbringen gemeinsam schöne Stunden mit Aussicht aufs sogenannte Römertor. Natürlich nur nachts, tagsüber würde mir vom permanenten Telefongebimmel das Trommelfell platzen.

Für den schönsten Ort der Stille im Haus ziehe ich mich – wieder allein – in die weit verzweigten Kelleranlagen zurück und krieche hinter die Lattentür vorm steinernen Brunnen. Das Grundwasser in seiner Tiefe wärmt so schön. Schließlich befinden wir uns im Thermalwasser-Viertel der Stadt. Mit Folgen für diesen Keller, der selbst nie beheizt werden muss, aber etliche Heizungsanlagen für die Menschen in den oberen Stockwerken beherbergt. Mit so manchen auch lebendigen Folgen des feuchten Kur-Untergrunds unterhalte ich mich manchmal: Die Tierchen sind so harmlos, wie ihr Knabbern an Lattenbeschlägen zwecklos. Echtes Gusseisen!

Aus demselben Stoff wendelt sich die Treppe hofseits vom Parterre nach oben. Und hat vollen Blick auf die beiden bedeutungsvollen Begriffe „Auf“ und „Zu“ in ihrer schönen blaugeschwungenen Schrift auf der weißen Kachelwand. Wohin „auf“ und wo „zu“? Die dazwischenhängende Kette bemerkt lapidar: „zum Fensteröffnen“

In dezenten Farben: Jugendstilglasfenster im Treppenhaus.

und gehört damit zu den seltenen Kuriositäten dieses Hauses, die doch tatsächlich noch – wie ich selbst – funktionieren.

Was auch für meine Lieblingshausgenossinnen gilt, die altehrwürdigen Heizungsverkleidungen aus Messing mit noblen Kupferbeschlägen. Denn, wenn es auch keine Heizung mehr hinter ihnen gibt, ihr prächtiges Kleid tragen sie hoffentlich lange noch vor sich her. Ich sitz' gern davor und staune es an.

Auf dem Rückweg ins Geisterkämmerchen, dritte Etage, zweites Buch von unten im fünften Stapel links, rutsche ich noch mal schnell durch die Küchendurchreiche der früheren Wirtschaftsräume (womit das auch so bezeichnete Ressort gemeint ist), wundere mich über die hier herrschende Zugluft und frage mich: War die Wandöffnung nun der Kommunikation oder der Papierentsorgung dienlich? Aber: Nach verschiedenen Umgestaltungs- und Umwidmungsmaßnahmen in diesem Seitenflügel des dritten Stocks spricht die Durchreiche nicht mehr.

In meinem Geisterkämmerchen aber läuft der Erzählfluss unvermindert. Ich stehe zur Verfügung, wenn es gilt, aus der Hausgeschichte zu wispern, zu tuscheln, zu kolportieren und bisweilen über sie zu kichern. Ich bin und bleibe ansprechbar, auch wenn ich mich jetzt in mein Buch zurückziehe. Mein Name ist Samuel. Und ich wohne auf der dritten Etage, fast im Feuilleton.

„Auf" und „Zu": Steuerungsvorrichtung zum Fensteröffnen in einem Zwischenbau.

„Die Erlaubnis, Geld zu drucken ..."

Zeitungen in der Stunde null: Umerziehung mit der Lizenzzeitung

Von Hilmar Börsing

Das Ende des Nationalsozialismus bedeutete 1945 auch das Ende des gigantischen Apparats der NS-Propaganda. Zur Bilanz gehörte, dass in diesem Staat das gedruckte Wort nicht Grundlage der Kultur, sondern der Un-Kultur geworden war. Und aus der Erfahrung des Ersten Weltkriegs hatten die Siegermächte den Schluss gezogen, dass man Deutschland nicht noch einmal sich selbst überlassen dürfe, sondern ihm vielmehr dabei helfen müsse, einen demokratischen Staat mit ausgewogener Parteienstruktur, unabhängigen Gewerkschaften und nicht zuletzt einer freien Presse aufzubauen.

Doch da die Alliierten davon ausgingen, dass die NS-Ideologie in den Köpfen der Menschen tiefe Spuren hinterlassen hatte, entschloss man sich zu einer Therapie mit dem Namen „Umerziehung". In den Deutschen sollte das Bewusstsein der kollektiven Verantwortung für die Nazi-Verbrechen geweckt werden. Eine Schlüsselrolle bei der „Re-Education" kam dabei der Presse zu.

Nach dem völligen Stillstand der Rotationsmaschinen erschienen zunächst alliierte Militärzeitungen. Aber schon bald erteilten die Besatzungsmächte solchen Personen eine Lizenz zur Herausgabe von Druckerzeugnissen, die politisch nicht belastet waren, das heißt, keine „aktiven Nationalsozialisten" gewesen sein durften. Diese wenig auf Differenzierung angelegte Regelung traf auch solche Verleger, die ihre Zeitungen an die NSDAP verloren hatten. Man wollte eben ganz sicher gehen: Niemals mehr sollten „braune" Farbtöne in einer Zeitung durchschimmern.

Aber Lizenzträger mussten erst gesucht werden. Unbelastete Persönlichkeiten, möglichst natürlich mit Presse-Erfahrung, liefen damals nicht auf der Straße herum. Viele Verleger und Journalisten waren nach Inkrafttreten des „Reichsschriftleiter-Gesetzes", durch das die Medien in Deutschland zu Propaganda-Instrumenten der NSDAP umfunktioniert wurden, in die innere Emigration gegangen oder ins Ausland geflüchtet. In Bayern beispielsweise wurden 2000 Kandidaten überprüft, um für 21 Zeitungen 25 Lizenzträger herauszufinden. Zwischen August 1945 und

WIESBADENER KURIER

NUMMER 1

Schriftleitung, Verlag und Druck in Wiesbaden, Langgasse 21, Fernruf 27914 / Monats-Bezugspreis durch den Träger RM 1.30 zuzügl. 25 Rpf. Trägerlohn, durch die Post zuzügl. 35 Rpf. Bestellgebühr

JAHRGANG 1

Anzeigenpreis für jeden Millimeter der sechsgespaltenen Seite Reichsmark 1.—, amtliche Anzeigen 50 Reichspfennig / Anzeigenannahme: Wiesbaden, Langgasse 21, in der Schalterhalle

Dienstag, 2. Oktober 1945

Veröffentlicht unter Lizenz Nr. 18 der Nachrichtenkontrolle der Militärregierung

Einzelpreis 20 Rpf.

Landesregierung Groß-Hessen in Wiesbaden

Colonel Joseph R. Newman, Chef der Militärregierung im Regierungsbezirk Wiesbaden, gab am Montagmorgen bei der feierlichen Lizenz-Überreichung an die Herausgeber des „Wiesbadener Kurier" bekannt, daß Wiesbaden zur Hauptstadt der neugeschaffenen Provinz Groß-Hessen ausersehen wurde.

Wiesbaden wird damit Sitz einer Landes-Regierung und eines Regierungs-Präsidiums. Es ist anzunehmen, daß die Zusammensetzung der Regierung, wenigstens in den leitenden Stellen, am 18. Oktober bekanntgegeben wird.

Die Bildung einer provinzialen Zentralverwaltung Groß-Hessen wird die Versorgung mit Nahrungsmitteln, Treibstoff, Verkehrsmitteln usw. erheblich erleichtern, die jetzt der Verwaltung verschiedener einzelner Regierungsbezirke unterliegen und von der Militärregierung erst aufeinander abgestimmt werden müssen. Von jetzt ab wird dies Sache der deutschen Zivilbehörden sein.

Keine Parteimitglieder in gehobener Stellung

FRANKFURT. Die amerikanische Militärregierung ordnet an:

1. Die Beschäftigung eines Mitgliedes der NSDAP oder einer der ihr angeschlossenen Organisationen in Geschäftsunternehmen aller Art in irgendeiner anderen Stellung mit Ausnahme der des einfachen Arbeiters ist gesetzwidrig. Ausgenommen hiervon sind Anstellungen auf Grund von Sondergenehmigungen der Militärregierung gemäß den Bestimmungen des § 5 dieses Gesetzes.

2. Falls ein jetzt noch nicht in Betrieb gekommenes geschäftliches Unternehmen eine Tätigkeit aufzunehmen beabsichtigt, hat seine Leitung als Voraussetzung für die Erteilung der Genehmigung für die Eröffnung oder den Betrieb zu bescheinigen, daß niemand im Widerspruch mit den Bestimmungen des § 1 dieses Gesetzes beschäftigt ist.

3. Jedes geschäftliche Unternehmen, das jetzt geöffnet oder in Betrieb ist, hat jede Person, die entgegen § 1 dieses Gesetzes beschäftigt ist, sofort zu entlassen, widrigenfalls das Unternehmen sofort von der Militärregierung geschlossen wird.

4. Jeder Verstoß gegen die Bestimmungen dieses Gesetzes wird mit jeder gesetzlich zulässigen Strafe bestraft.

5. Alle Personen, die auf Grund dieses Gesetzes entlassen werden oder denen die Anstellung verweigert wird und die behaupten, sich nicht aktiv für irgendeine Tätigkeit der NSDAP oder der ihr angeschlossenen Organisationen eingesetzt zu haben, können bei der örtlichen Militärregierung Vorstellungen erheben.

6. Dieses Gesetz tritt am 26. September 1945 in Kraft.

Pressekonferenz im Weißen Haus

Schicksal der deutschen Flotte

WASHINGTON. (DANA) Die Reste der deutschen Kriegsflotte werden zwischen den Vereinigten Staaten, England und der Sowjetunion aufgeteilt werden. Präsident Truman gab dies Mittwoch auf seiner Pressekonferenz bekannt. Die Einzelheiten werden zu einem späteren Zeitpunkt auf der Wiedergutmachungskonferenz ausgearbeitet werden. Der Beschluß, die kleinen Reste der deutschen Flotte zwischen den drei Mächten aufzuteilen, wurde, wie der Präsident erklärte, auf der Potsdamer Konferenz gefaßt. Die Aufteilung der japanischen Flotte werde auf ähnliche Weise vor sich gehen.

Truman über Außenpolitik

In Beantwortung einer Frage über die auswärtige Politik erklärte der Präsident, daß eine Zusammenkunft der Regierungshäupter Englands, Rußlands und der Vereinigten Staaten gegenwärtig nicht geplant sei. Über die Bestellung MacArthurs zum obersten alliierten Befehlshaber in Ostasien erklärte Truman, sie sei im Einvernehmen mit allen interessierten Mächten erfolgt. Der General müsse als Vertreter aller dieser Mächte angesehen werden. Jedes interessierte Land habe im übrigen ähnliche Möglichkeiten, mit General MacArthur alle Fragen der amerikanischen Politik in Japan zu erörtern, und zwar entweder über die gemeinsame Generalstabsgruppe oder die amerikanische Regierung selbst

Die Atombombe

Der Präsident deutete an, daß er demnächst dem Kongreß eine Botschaft über den ganzen Fragenkomplex der Atombombe zukommen lassen werde. In dieser Mitteilung wird sich der Präsident darüber aussprechen, ob die Geheimnisse der Atombombe nach seiner Meinung anderen Staaten unterbreitet werden sollen.

Einwanderung nach Palästina

Ein Korrespondent richtete an Präsident Truman die Frage, ob Präsident Roosevelt in seiner Unterhaltung mit König Ibn Saud, die nach der Konferenz von Yalta stattfand, versprochen habe, daß Amerika keine Forderung auf jüdische Einwanderung nach Palästina stellen werde. Präsident Truman erwiderte, daß er die Akten und Dokumente studiert habe und daß ihm keinerlei derartige Versprechen bekannt geworden sei. Am Ende der Pressekonferenz erklärte Präsident Truman, daß er nicht wisse, wo der Sitz der Friedensorganisation der Vereinten Nationen sein werde. Die Bestimmung des Sitzes sei den Mitgliedern der Organisation überlassen.

Tag der amerikanischen Grundrechte

WASHINGTON (DANA) Am Dienstag jährte sich zum hundertsechsundfünfzigsten Male der Tag der amerikanischen Grundrechte. Dieses Gesetz, das aus den ersten zehn Änderungen oder Zusätzen der amerikanischen Verfassung besteht, garantiert die amerikanische Religionsfreiheit, Rede- und Versammlungsfreiheit und das Recht, sich zwecks Abhilfe von Mißständen an die Regierung zu wenden. Es sichert allen Amerikanern ein schnelles, gerechtes, sowie offenes Gerichtsverfahren zu.

Dieses sind die Freiheitsrechte, die in der Potsdamer Erklärung für ein demokratisches Deutschland als notwendig erachtet werden, schrieb der amerikanische Admiral Harry E. Jarnell anläßlich dieses Jahrestages und erklärte weiter, daß diese Grundsätze allen Deutschen zugänglich gemacht werden sollen. Die Einführung der Redefreiheit und einer freien Presse wird im großen Maße dazu beitragen, das deutsche Volk mit den wahrhaften Prinzipien der Freiheit bekannt zu machen.

Admiral Arnell wies darauf hin, daß die Besetzung eine günstige Gelegenheit für den gleichmäßigen Aufbau demokratischer Organisationen bietet, ganz gleich, ob es sich um die Arbeiterschaft, um Industrie oder Landwirtschaft, oder um die Entwicklung nichttotalitärer politischer Parteien handele. Ein aufmerksames Studium öffentlicher Einrichtungen, der Geschichte und der Kultur der Demokratien gibt den Deutschen den besten Führer für ihr zukünftiges Verhalten. Sorgsame Anwendung der darin enthaltenen Grundsätze wird die Führer Deutschlands in die Lage versetzen, diejenige Politik zu erwählen, die für die Sicherung der Freiheit erforderlich ist.

Die amerikanischen Grundrechte und ihre Vorbilder, die, in Chartas zusammengefaßt, die Freiheit der USA und Großbritanniens garantieren, weisen Deutschland den Kurs, den die Vereinigten Staaten und Großbritannien für am besten geeignet halten, um zur wahren Demokratie zu gelangen.

Oberst Newman zur ersten Ausgabe:

Den Herausgebern des neuen „Wiesbadener Kurier" übermittele ich meine herzlichsten Wünsche zum Gelingen ihres Unternehmens.

Noch nie haben in den letzten hundert Jahren deutscher Geschichte Verleger und Herausgeber deutscher Zeitungen eine bessere Gelegenheit gehabt, dem ganzen Volk zu dienen. Die heutige deutsche Jugend bis zum Alter von zwanzig Jahren kennt die Begriffe Pressefreiheit und Redefreiheit überhaupt nicht. Die Zeitungen ließen sie nur das wissen, was die Nazis sie wissen lassen wollten, und sie durften nur das sagen, was der Partei genehm war.

Die Zeitungsleute, die die jetzt freie deutsche Presse vertreten, haben die Aufgabe, die Wahrheit zu sagen, so bitter es für manche Deutsche sein mag. Die Zeitungen und das neugeschaffene Erziehungswesen müssen der deutschen Jugend helfen, solche Lehren vergessen zu lernen, wie „Demokratie ist ein Zeichen von Schwäche" oder die Einstellung, daß Macht vor Recht geht, daß arische Deutsche das edelste Gebilde der Menschheit sind, daß jüdisches Blut in den Adern ein schlimmeres Verbrechen als Brandstiftung und Mord ist, daß der Staat über alles geht, daß die Menschen, die in diesem Staat leben, weniger wert sind, als die Tiere auf einem Bauernhof. Und die Jugend muß die Lehre begreifen, daß es besser ist, in Frieden mit den Nachbarvölkern zu leben, als auf dem Schlachtfeld für einen fanatischen Führer zu sterben, dessen Kurzsichtigkeit Millionen junger Deutscher in den sicheren Tod führte.

Für vernünftige deutsche Bürger ist jetzt die Zeit gekommen, mit dem Begriff der Herrenrasse überhaupt zu brechen. Sie müssen sich darüber klar werden, daß in anderen Teilen der Erde Menschen leben, die in der Kriegführung genau so tüchtig sind wie die Deutschen — der Beweis dafür wurde kürzlich überzeugender denn je in der deutschen Geschichte geführt, er wurde erbracht von Menschen, die mit der Demokratie verwachsen sind, von Menschen, die während ihrer ganzen Geschichte nichts anderes kannten, als Redefreiheit, Religionsfreiheit und Pressefreiheit.

Ich beglückwünsche Sie, die Herausgeber, nochmals zu Ihrer Chance, eine große demokratische Nation mit aufzubauen.

James R. Newman

Commanding

Amerikas Politik in Japan

NEW YORK (DANA). Die politische Umgestaltung Japans begann diese Woche mit der Veröffentlichung von General MacArthurs Richtlinien und mit der Erklärung des Weißen Hauses über „Die ersten Schritte nach der Waffenstreckung" Dieser Erklärung folgte am Dienstag eine Weisung an General MacArthur, die Verwaltung Japans unmittelbar in die Hand zu nehmen, falls die japanische Beamtenschaft seine Befehle nicht durchführt.

Diese Weisung stellt fest, daß der Kaiser und seine Regierung dem amerikanischen Oberbefehlshaber untergeordnet sind. Die Beziehungen zwischen ihnen sind nicht vertraglich, sondern beruhen auf der bedingungslosen Waffenstreckung. Die japanische Regierung kann ihre Rechte nur so lange ausüben, als dies dem Willen der Besatzungsmacht entspricht.

MacArthurs obengenannte Weisung besteht aus acht Punkten. Der japanischen Regierung wird die Aufrechterhaltung eines Preis- und Lohnstops und strikteste Rationierung aufgetragen. Sie hat alle Anstrengungen zur Förderung von Ackerbau und Fischerei sowie zur Instandsetzung der Textilindustrie und zur Wiederherstellung der Wohnstätten zu machen. Die Erzeugung jeder Art von Flugzeugen und Kriegsschiffen ist streng untersagt. Das japanische Kriegspotential wird sorgfältig überprüft. Forschung auf dem Gebiet der Atomtheorie ist ausdrücklich verboten. Die Direktive betont die Notwendigkeit der totalen Umstellung Japans von kriegerischen auf friedliche und demokratische Ideale. Sie beruht auf der bereits vor der Kapitulation festgelegten Politik des Weißen Hauses „die bestehende Regierungsform zu benützen, aber nicht zu stützen." Der Oberstkommandierende soll im Gegenteil dieser Politik zufolge alle liberalen und demokratischen Abänderungen der japanischen Regierungsform fördern.

Kürzlich sprach MacArthur davon, daß die Besatzung jahrelang dauern werde. Er kündigte eine getreue Durchführung der Potsdamer Bedingungen an. Von etwas über zwei Millionen zweihunderttausend Mann ihrer Heimatarmee hatten die Japaner Mitte September bereits über eine Million sechshunderttausend demobilisiert.

Sofort nach seinem Eintreffen in Tokio löste General MacArthur den japanischen Generalstab auf. Die Presseagentur Domei wurde geschlossen und eine strikte Zensur für Presse und Radio eingeführt. Die japanische Presse druckt Tatsachenberichte über die japanischen Kriegsgreuel. Ein amerikanischer Nachrichtendienst wurde für Japan eingerichtet. Einige japanische Filme wurden verboten. Amerikanische Filme sind auf dem Weg nach Japan.

Bei Beginn der Besetzung lag General MacArthur eine Liste von vierzig Kriegsverbrechern vor. Von diesen befinden sich jetzt drei im Gefängnis von Yokohama, darunter der frühere Ministerpräsident General Tojo dessen Selbstmordversuch mißlang. Einige andere begingen Selbstmord. Indessen brachten befreite Kriegsgefangene umfangreiches Beweismaterial über die Greuel in den Gefangenenlagern. Auf Grund dieses Materials werden jetzt weitere Listen von Kriegsverbrechern aufgestellt.

Die alliierte Finanzkontrolle läuft gleichfalls an. Die japanische Goldreserve von etwa zwei Milliarden Dollar wurde beschlagnahmt. Die Guthaben von Bürgern der Achsenmächte wurden gesperrt und die japanische Regierung wurde beauftragt über die gesamte Finanzgebarung Japans einschließlich der Gebarung der Privatwirtschaft seit Kriegsbeginn genauen Bericht zu erstatten.

Militärregierung gratuliert

Es bereitet mir aufrichtige Freude, daß nach zwölf Jahren nun der Tag gekommen ist, an dem ein berechtigter Wunsch der Stadt Wiesbaden erfüllt werden kann. Der „WIESBADENER KURIER" hat die Aufgabe, die Bevölkerung mit einer vorurteilslosen und wahrheitsgetreuen Wiedergabe der Weltgeschehnisse zu versehen. Zugleich soll er Mittel sein zu einem freien politischen Meinungsaustausch.

Ich wünsche den Herausgebern des „WIESBADENER KURIER" viel Glück und hoffe, daß die für die Haltung des Blattes festgelegten Richtlinien ein freundliches Echo in allen Kreisen der Bevölkerung finden werden.

Major F A Sansome

Commanding

Herbst 1949 wurden dann in der amerikanischen Zone 58, in der britischen Zone 71 und in der französischen Zone 20 Zeitungen lizenziert, dazu weitere 20 in West-Berlin – insgesamt 149 Blätter.

Am Anfang der demokratischen deutschen Nachkriegspresse standen die Aachener Nachrichten. Sie waren die einzige Zeitung, die am 8. Mai 1945 das Kriegsende ausrufen konnte: „Der Krieg ist aus", lautete die Schlagzeile. Die westlichste Großstadt Deutschlands war schon am 21. Oktober 1944 von den Amerikanern besetzt worden. Die Aachener Nachrichten erhielten die Lizenz Nr. 1 als demokratische deutsche Zeitung und kamen erstmals am 24. Januar 1945 auf den Markt, während im Rest des Reiches noch Durchhalteparolen verkündet wurden.

Das erste Lizenzblatt in der sowjetischen Besatzungszone war ab 21. Mai 1945 die Berliner Zeitung; die erste US-Lizenz erhielt am 31. Juli die Frankfurter Rundschau. In der französischen Zone machte am 8. August das Badener Tageblatt den Anfang. Am langsamsten waren die Briten mit der Lizenz für die Braunschweiger Zeitung im Januar 1946. Aber zu den ersten überhaupt gehörte der Wiesbadener Kurier: Am 2. Oktober 1945 konnte er erstmalig erscheinen. Für Journalisten und Verleger begann jedenfalls in der zweiten Jahreshälfte 1945 eine neue Zeitrechnung, die wir Zeitungsmacher gern als Stunde null bezeichnen.

Gleichwohl versuchten natürlich viele NS-Aktivisten und Mitläufer, noch einmal von vorn zu beginnen. Dieses Thema war lange Zeit ein Tabu in Deutschland. Dass einige von ihnen in den Fünfzigerjahren in Spitzenpositionen kamen, war umso überraschender, als doch keine andere Berufsgruppe von den Alliierten so gründlich durchleuchtet worden war wie die der Journalisten und Publizisten. Es gelang kein radikaler Schnitt, und Journalisten mit dubioser Biografie konnten Fuß fassen in der Publizistik jener Zeit.

Für die Lizenzträger des Wiesbadener Kuriers, Fritz Otto Ulm und Georg Alfred Mayer, aber war die Herausgabe des neu gegründeten Blattes kein einfaches Geschäft, denn die Betriebsanweisung für die Lizenzzeitungen machte so ziemlich alles genehmigungspflichtig: Titel und Untertitel der Zeitung, Kopfleiste, Aufmachung, Anzahl der Seiten, Format, Anzahl der Spalten. Und außerdem: „. . . die typographische Aufmachung, welche die nationalsozialistische Presse charakterisierte (ist) zu vermeiden, für den Nationalsozialismus oder den deutschen Militarismus typische oder von ihnen eingeführte Wörter, Ausdrücke, Schlagworte sind nicht zu verwenden!"

Erst 1949 durften Deutsche endlich ohne alliierte Aufsicht und Bevormundung eigene Zeitungen machen. Mit dem Pressefreiheits-Artikel 5 im Bonner Grundgesetz erlebte die neugegründete Bundesrepublik Deutschland eine Welle von rund

500 Zeitungsgründungen. Viele wiedererstandene Titel der Altverleger scheiterten schon bald im Konkurrenzkampf mit den auflagenstarken Lizenzblättern, die nicht nur zu publizistischen, sondern auch wirtschaftlichen Machtfaktoren geworden waren. Die Alliierten hatten, wie sich der britische Presseoffizier William Barneston erinnert, „die Erlaubnis, Geld zu drucken" vergeben. Doch das ist lange, lange her.

Ein „zeitungsverrückter“ Patriarch

Chefredakteur Fritz Otto Ulm war eine starke Persönlichkeit

Von Manfred Gerber

Der erste Verleger und Chefredakteur des Wiesbadener Kuriers, Fritz Otto Ulm, war ein begnadeter Journalist. Seine Leitartikel in den Jahren nach dem Krieg sind Zeugnisse erstklassiger sprachlicher und analytischer Fähigkeiten. So blickte er in der Erstausgabe vom 2. Oktober 1945 gebannt nach England, wo die Briten gerade den Weltkriegssieger Winston Churchill als Premier abgewählt hatten. „Wunder über Wunder“ sah er auf der Insel des Parlamentarismus sich abspielen. Und erinnert dabei an ein deutsches Unglück: In Deutschland habe man mit Hindenburg einen Weltkriegsverlierer zum Reichspräsidenten gemacht. Danach sei alles nur schiefgelaufen.

Fritz Otto Ulm (1900–1968) erhielt am 1. Oktober 1945 als 45-Jähriger von den Amerikanern die Lizenz für die Herausgabe des Wiesbadener Kuriers, gemeinsam mit seinem Kollegen Georg Alfred Mayer, der schon 61 Jahre alt war. Ulms antinazistische Gesinnung war gegenüber den Amerikanern nicht schwer nachzuweisen: In der Weimarer Republik war der gebürtige Magdeburger Mitglied der SPD, Mitarbeiter des Berliner Tageblatts, des Vorwärts und anderer sozialdemokratischer Zeitungen. Nach der Machtübernahme der Nazis fristete er ein kümmerliches Dasein. Zuletzt hatte er sich mit seiner Frau der Verhaftung durch die Gestapo entziehen können und als landwirtschaftlicher Gehilfe gearbeitet.

1934 trat Ulm dem Paulusbund bei. In ihm wurden Christen, die nach den Rassegesetzen dennoch als Juden oder Halbjuden galten, zwangsweise separiert. Ulm war auch Mitglied eines nationalen Komitees, das versuchte, jüdische und sogenannte halbjüdische Opfer – wie Ulm – vor der Verfolgung durch die Nazis zu schützen. Mehrfach musste Ulm seinen Wohnsitz wechseln, um einer Verhaftung zu entgehen. Nach Kriegsende gab er unter britischer Besatzung zunächst eine Zeitung in Salzwedel heraus. Danach arbeitete er für die US-Militärregierung in Wiesbaden.

Als Verleger des Kuriers war Ulm schon bald der alles dominierende Patriarch der Firma. „Er war zeitungsverrückt“, weiß der Zeitzeuge und damalige Jungredakteur

Friedel Grüning zu erzählen. Ulm muss sich selbst so ähnlich gesehen haben, denn oft schrieb er unter den Kürzeln „fou" oder „mad". Beides heißt verrückt.

Übervater Ulm war auch ein kleiner Hypochonder. Er sorgte sich im Übermaß nicht nur um die eigene, angeknackste Gesundheit, sondern auch um die seiner Mitarbeiter, die er fortwährend zu ärztlichen Untersuchungen scheuchte. Von und zu Auslandsterminen mussten die Kurier-Reporter, wenn sie zu zweit dabei waren, getrennte Autos und Flugzeuge nehmen. Für den Fall eines Falles: Es hätte ja einer verunglücken können, dann würde wenigstens der andere berichten. Ulm war ein Vollblut-Zeitungsmann. Unter dem alle ein wenig litten, von dem aber auch alle, die mit ihm zurechtkamen, profitierten.

Patriarch und Vollblutjournalist: der Verleger Fritz Otto Ulm (1900–1968).

Fritz Otto Ulm wohnte mit seiner Frau Annemarie lange Zeit im Dachgeschoss des Pressehauses. Dort ließ er sich abends schon die Druckfahnen zukommen, um seine von allen Redakteuren gefürchteten Randbemerkungen zu schreiben, bevor er zu Bett ging. Gelegentlich tauchte er in der Setzerei auf, um eine Runde Cognac zu spendieren.

Mit Stolz trug der während der NS-Zeit gedemütigte Mann sein von Ministerpräsident Georg August Zinn verliehenes Großes Verdienstkreuz, des Verdienstordens der Bundesrepublik. Ulm starb kinderlos. Drei Jahre vor seinem Tod kurierte er sich, wie es einer ironisch meinte, von der Zeitungssucht: Er setzte sich zur Ruhe. Fritz Otto Ulm ist mit seiner Frau in einem Ehrengrab auf dem Südfriedhof bestattet. Sein Bundesverdienstkreuz ziert seinen Grabstein.

Über Rom und Berlin nach Wiesbaden

Der Verleger Georg Alfred Mayer hatte 1945

schon ein bewegtes Leben hinter sich

Von Manfred Gerber

Verleger Georg Alfred Mayer (1883–1954), neben Fritz Otto Ulm Lizenzträger des Kuriers, konnte wie sein Kompagnon ebenfalls eine antinazistische, politisch auch schillernde Vergangenheit vorweisen. Mayer, Sohn eines Münchner Arztes und Großherzoglichen Hofrats in Luxemburg, gehörte während der Weimarer Republik dem katholischen Zentrum an, war journalistisch für die Parteizeitung Germania aktiv, davon drei Jahre (1924–1927) als Korrespondent in Rom, wo Benito Mussolinis Faschisten an der Macht waren. Mayer verstand es dort, trotz Zensur enthüllende Berichte über die italienischen Verhältnisse nach Berlin zu schicken. Er warnte vor ähnlichen Zuständen in Deutschland.

Im Kurier schrieb Mayer Kolumnen, kümmerte sich aber auch um Anzeigen und Vertrieb, Druck und andere für den Verlag wichtige Arbeitsabläufe. Er galt als versöhnlicher, stiller und bescheidener Mensch, der für die Sorgen und Nöte seiner Mitarbeiter immer ein offenes Ohr hatte. Mayer war sehr belesen und sprach ein halbes Dutzend Sprachen.

Bis Georg Alfred Mayer sich nach dem Ersten Weltkrieg der Wirtschaft zuwandte (in Rom vertrat er freiberuflich den Reichsverband der Deutschen Industrie), hatte er eine für das Deutsche Kaiserreich typische Soldatenkarriere hinter sich. 1904 wurde er zum Leutnant befördert, 1905 bis 1907 gehörte er der deutschen Schutztruppe in Südwestafrika an und beteiligte sich an der Niederschlagung des Herero- und Hottentottenaufstands. Das Reichskolonialamt versetzte ihn nach Neuguinea. Im August 1914 wurde er in die Kämpfe bei der Verteidigung von Neu-Pommern verwickelt und geriet im September in eine fünf Jahre dauernde australische Kriegsgefangenschaft. Dort brachte er sich unter anderem Russisch bei.

1920 avancierte Mayer zum Major, ein Jahr später wurde er Regierungsrat im Reichswirtschaftsministerium. In Bad Ems leitete er das Ausfuhramt für die besetzten Gebiete im Rheinland. Mayer war Geschäftsführer des Reichswirtschaftsrats und arbeitete in der Devisenabteilung des Reichswirtschaftsministeriums.

Das Verbrechertum der Nazis durchschaute Georg Alfred Mayer recht früh. Nach 1933 war er auch immer wieder der Beobachtung durch die Gestapo ausgesetzt. 1934 verweigerte er den Beamteneid auf Hitler und verlor seine Stellung. 1935 gab man seinem Antrag auf Pensionierung statt, Mayer siedelte nach Wiesbaden über und lebte fortan zurückgezogen in einer Villa in der Mainzer Straße 6, wo seine Verwandtschaft ihm das Dachgeschoss ausbaute. Hier verharrte er in der inneren Emigration, unter anderem bei der Lektüre russischer Literatur.

Bis er 1945 noch einmal, 61-jährig, als Verleger des Kuriers gefordert wurde. Mayer starb 1954 im Alter von 71 Jahren. Er ist zusammen mit seiner Frau Margarete, geb. Schütz, auf dem Familiengrab im Wiesbadener Nordfriedhof bestattet.

Zu Seite 83: Hitlergegner und später Pionier: der Verleger Georg Alfred Mayer (1863–1954).

WIESBADENER KURIER
DRUCKHAUS- UND VERLAGS G M B H.
KURIE
WIESBADENER KURIER DRUCKH

HAUS
ND VERLAGS

Zu Seite 84/85: Pferdekutscher in der Langgasse: Straßenszene der Sechzigerjahre.

Neustart mit Schwierigkeiten

Papiermangel war das größte Problem in den Anfangsjahren

Von Manfred Gerber

Papier war verdammt knapp in den Jahren nach Kriegsende. Die US-Militärregierung hatte es streng kontingentiert. Einmal, 1947, musste der Kurier wegen Druckseitenkontingentüberschreitung eine Verwarnung kassieren und 9 000 Reichsmark als „freiwillige Buße" an das Rote Kreuz und die Vereinigung der Verfolgten des Naziregimes (VVN) bezahlen.

Die Startauflage des Kuriers betrug immerhin 90 000 Exemplare. Das Blatt erschien zunächst zweimal in der Woche, mittwochs und samstags. Mittwochs waren es vier, samstags sechs Seiten. Das Abonnement kostete 155 Reichsmark im Monat. Vom November 1945 an erschien samstags auch eine Beilage: „Die Welt um uns", seither druckt der Kurier auch regelmäßig Leserbriefe ab. Ein Jahr später sank die Auflage auf 65 000. Wegen Papiermangels. Man strich kurzerhand die Kulturberichterstattung.

Eine Deutschlandausgabe des Kuriers mit einem erweiterten Wirtschaftsteil kam 1946 auf den Markt. Zusätzlich gab es eine Export-Ausgabe, die in einer Auflage von 1 300 Exemplaren in die USA, nach England, Frankreich und ein halbes Dutzend anderer Länder verschickt wurde. Das Projekt musste 1948 eingestellt werden. Wieder war die Papierknappheit verantwortlich. Es gab aber auch interne Querelen, denn nicht alle Redakteure waren von der D-Ausgabe überzeugt.

Erstaunlich ist, dass die relativ kleine Zeitung über mehrere Informationsdienste verfügte. Neben der Deutschen Allgemeinen Nachrichtenagentur (DANA) bezog man Associated Press (AP), die American Press Agency (APA), den International News Service (INS), die Overseas News Agency (ONA), United Press (UP), das österreichische Nachrichtenbüro NB und die New York Times.

Schon früh konnten sich bedeutende Persönlichkeiten des öffentlichen Lebens im Kurier in Leitartikeln und Gastkommentaren äußern. Unter ihnen der frühere

Schellenberg
Wiesbaden

Zu Seite 88/89: (Neo-)Barocke Großzügigkeit: das Treppenhaus mit dem Deckengewölbe.

französische Botschafter und französische Hohe Kommissar André Francois-Ponçet, der von den Amerikanern eingesetzte hessische Arbeitsminister Oskar Müller (KPD) und der Westzonen-SPD-Vorsitzende Kurt Schumacher, aber auch der Wiesbadener Stadtrat und Stadtkämmerer Heinrich Roos (CDU), um nur einige zu nennen.

Quelle: Eva-Juliane Welsch: Die hessischen Lizenzträger und ihre Zeitungen. Diss. Uni Dortmund 2002

Demokratische Pionierarbeit

Aus der Nachkriegsgeschichte des Wiesbadener Tagblatts

Von Kurt Buchholz

Ein bewegender Tag in der Wiesbadener Nachkriegsgeschichte: Samstag, der 17. September 1949. Nach sechsjähriger Zwangspause hielten die Wiesbadener erstmals wieder eine Ausgabe des angesehenen Wiesbadener Tagblatts in den Händen. Jahre der Gleichschaltung und des publizistischen Niedergangs während der Zeit des Dritten Reichs lagen hinter ihm. Schwere Zeiten vor allem für

Mit modernster Technik: Tagblatt-Redakteur Jörg Hofmann am Bildschirmarbeitsplatz.

den Verleger Gustav Schellenberg, der 1932 die Leitung des Tagblatts sowie der renommierten L. Schellenberg'schen Hofbuchdruckerei übernommen hatte und elf Jahre später schmerzlich mit ansehen musste, wie „seine" Zeitung, an der sein ganzes Herzblut hing, zwangsweise mit anderen Publikationsorganen zur Wiesbadener Zeitung zusammengelegt und mit einem Federstrich ausgelöscht wurde. Eine Zäsur, die ihn bis ins hohe Alter belastete.

Mehr noch: Nach dem Zusammenbruch 1945 musste „der Professor", wie er liebevoll genannt wurde, auf Befehl der amerikanischen Besatzungsmacht den Betrieb und das großartige Verlagshaus in der Langgasse, das seit 1909 ständiges Eigentum seiner Familie war, verlassen. Verlag, Druckerei sowie das gesamte Vermögen Schellenbergs wurden beschlagnahmt. Als bald darauf eine von der Besatzungsmacht lizenzierte neue Zeitung erschien, war dies die Geburtsstunde des Wiesbadener Kuriers. Das Tagblatt – so die Maßgabe der amerikanischen Zensoren – durfte vorerst nicht erscheinen.

Dessen Stunde schlug nach mehrjähriger Zwangspause erst im Jahre 1949, wobei die publizistische Wiederbelebung der alteingesessenen Zeitung sozusagen in zwei Etappen erfolgte. Die ersten Schritte in eine demokratische Zukunft des WT begleitete die renommierte Mainzer Verlagsanstalt, die der Wiesbadener Verleger Adolf Fraund mit einem Kraftakt ohnegleichen aus der Trümmerlandschaft des Jahres 1945 heraus wieder aufgebaut und funktionsfähig gemacht hatte. Geburtshilfe für das Tagblatt leistete dabei vor allem die aus dem früheren Mainzer Anzeiger hervorgegangene Allgemeine Zeitung mit Wirtschaftsblatt, die als erste deutsche Tageszeitung nach dem Krieg wieder sechsmal wöchentlich erschien und von der Schweizer Weltwoche als „beste Zeitung im Nachkriegsdeutschland" bezeichnet wurde.

Als die „AZ", wie sie genannt wurde, 1949 daran ging, neue Bezirksausgaben in Ingelheim, Idar-Oberstein, im Hunsrück und am Mittelrhein zu etablieren, wurde der Ruf laut, auch eine Wiesbadener Ausgabe zu gründen. Am 1. März 1949 kam der Verlag diesem Wunsch vieler Bürger der Nachbarstadt und der stark nach Mainz orientierten Bevölkerung des Rheingaues nach. Die Zeitungstransporte rollten zwar schon seit Ende 1945 über die von amerikanischen Pionieren gebaute Holzbrücke nach „drüben", um die Einwohner von Amöneburg, Kastel, Kostheim, Gustavsburg, Ginsheim und Bischofsheim mit Zeitungen zu versorgen. Jetzt aber kamen die Leser aus Wiesbaden und dem Rheingau noch hinzu und sahen sich nicht enttäuscht: Denn ausgerechnet die erste Wiesbaden-Ausgabe glänzte – die Leser registrierten es begeistert – mit einem ganzseitigen Sonderdruck über den ersten und einzigen Rosenmontagszug in der Wiesbadener

Fastnachtsgeschichte: „Es ist geglückt: Wiesbaden verrückt" jubilierten die Karnevalisten nicht eben zur Freude der Mainzer Nachbarn, die es von Anfang an nicht hatten hinnehmen wollen, dass ausgerechnet Wiesbaden der rheinischen Fastnachtshochburg Konkurrenz machte. Und jetzt auch noch in einer „Meenzer" Zeitung so gut wegkam. Das Wiesbadener Tagblatt war jedenfalls wieder da und seine Redaktionsmannschaft demokratisch ausgerichtet.

Dies gilt ganz besonders Chefredakteur Dr. Johann Schäfer in seinem ersten Leitartikel: „Gerechtigkeit nach innen und außen und Gerechtigkeit von draußen kann ein Fundament für ein neues Deutschland, ein geeintes Europa und für einen friedlichen Wettbewerb der Völker legen", formulierte der neue erste Mann des WT, der mit Dr. Hermann Port (Politik), Willi Pempel (Kommunalpolitik), Walter Matoni (Wirtschaft), Hans Jüngst (Feuilleton), Adele Fink (Frauenfragen), Arthur Stubbenhagen (Land Hessen), Kurt Dangschat (Sport) und Ludwig Dörner (Anzeigenleitung) eine hochmotivierte Redaktionsmannschaft um sich geschart hatte. Der blieb die Rückkehr ins angestammte Pressehaus zwar versagt, weil dort inzwischen der Wiesbadener Kurier Fuß gefasst hatte, doch auch vom neuen Tagblatt-Verlagsgebäude in der Herrnmühlgasse 11 aus konnten die publizistischen Weichen mit Schwung und Selbstvertrauen gestellt werden.

Das Tagblatt ist wieder „daheim": 1999 kehrte die Redaktion in ihr altes Domizil in der Langgasse zurück.

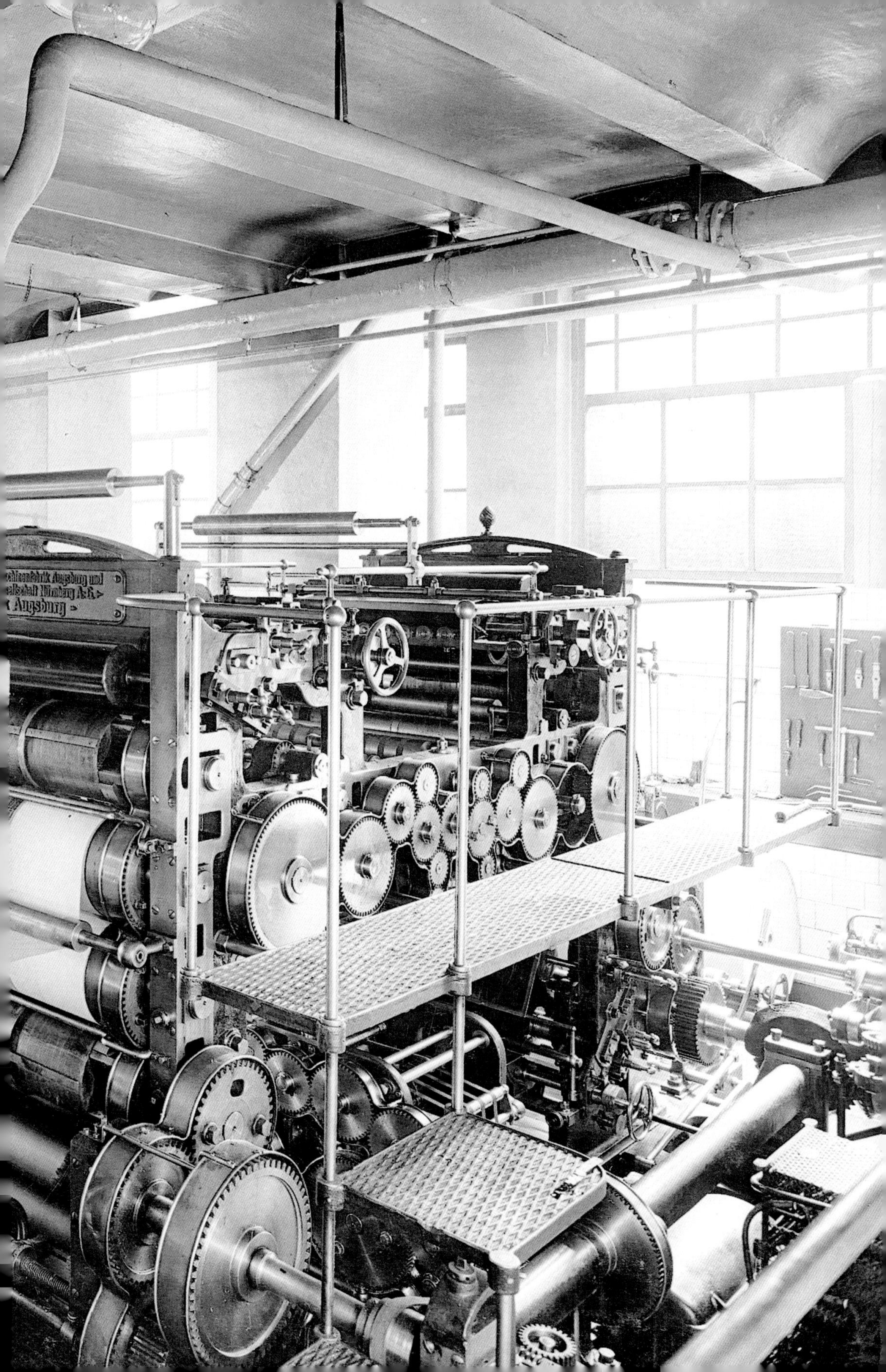
Augsburg

Zu Seite 94/95: Prunkstück der Kaiserzeit: die „schöne Augsburgerin". Die Druckmaschine brachte es auf 1500 Druckbögen in der Stunde.

Redakteure, Mitarbeiter und Korrespondenten der ersten Stunde, die sich 1949 daran machten, das wiedergewonnene Vertrauen ihrer Leserschaft zu rechtfertigen, leisteten Pionierarbeit.

Man suchte neue Partner und fand sie schließlich in der Gutenbergstadt Mainz: Zuerst war es das heute nicht mehr existierende Darmstädter Tagblatt, das Verbindung zu Adolf Fraund und der Mainzer Verlagsanstalt aufnahm.

Unmittelbar darauf folgte das Wiesbadener Tagblatt, das 1950 in eine GmbH umgewandelt wurde und fortan ein enges, kollegiales Verhältnis mit dem Mainzer Verlagshaus pflegte. Diesem Ring schlossen sich 1952 auch der in Bad Schwalbach erscheinende Aar-Bote (Familie Wagner) und die Idsteiner Zeitung (Familie Grandpierre) an. Es war gewissermaßen die Geburtsstunde der späteren Zeitungsgruppe Rhein-Main-Nahe, der heutigen Verlagsgruppe Rhein Main (VRM).

Viel Nachrichtenhunger, aber wenig Papier

Rückblick mit einem Mann der ersten Stunde: Friedel Grüning

Von Manfred Gerber

Am Anfang waren vier Blätter. Sie erschienen zweimal in der Woche. Kein Foto, nur Textspalten. Und die Sensation, dass Wiesbaden Hauptstadt des neu geschaffenen Bundeslandes Groß-Hessen wird. Das war der Wiesbadener Kurier im Gründungsjahr 1945. Das Papier war knapp und von der US-Militärregierung kontingentiert. Wer den Kurier abonnieren wollte, musste sich zuerst in eine Warteliste eintragen. Oft teilten sich Hausnachbarn ein Exemplar. Sechs Redakteure füllten vier Kurier-Seiten mit Lesestoff aus Wiesbaden und Nachrichten aus aller Welt.

Er brachte es vom „Stift" zum stellvertretenden Chefredakteur: Kurier-Legende Friedel Grüning.

Die Lizenzübergabe am 1. Oktober 1945 erfolgte unspektakulär. Auf Seiten der Amerikaner erschienen die Kommandeure James R. Newman, James G. Chesnutt und John B. Stanley in den Geschäftsräumen in der Langgasse 21. Sie drückten den Verlegern Georg Alfred Mayer und Fritz Otto Ulm die Papiere in die Hand. Colonel Newman war Chef der US-Militärregierung im Bezirk Wiesbaden. Anstandshalber plauderten Offiziere und Verleger noch ein paar Takte miteinander. Das war's. Wiesbaden hatte – ein halbes Jahr nach dem Ende des „Tausendjährigen Reiches" – wieder eine Zeitung in deutscher und demokratischer Verantwortung.

Ganz alleine trugen die neuen Verlagsherren die Verantwortung freilich nicht. Kurier-Mann Friedel Grüning (84), der von Anfang an mit dabei, Lokal- und Sportchef und zuletzt stellvertretender Chefredakteur war, erinnert sich daran, wie ein Redakteur Ausgabe für Ausgabe bei den Amerikanern im Landeshaus am Kaiser-Friedrich-Ring antreten musste, um die Genehmigung der Druckabzüge abzuholen. Grüning erinnert sich auch an die tägliche Gratwanderung zwischen der geforderten Umerziehungs-Linie und den Bedürfnissen der Leser, die ja nicht über Nacht zu überzeugten Nazi-Gegnern und wackeren Demokraten geworden waren. Doch man wusste schon, was gewollt oder gerade noch erlaubt war. Höchstens am Schreibstil hatten die Amerikaner gelegentlich zu mäkeln. Später hatte der US-Zensor ein Büro im Pressehaus, was die Kontrollen einfacher machte.

Fritz Otto Ulm führte das Unternehmen als Herausgeber und Chefredakteur in Personalunion. Dabei erging es Friedel Grüning nicht anders als seinen Kollegen auch, wenn er sich morgens mit Ulms gefürchteten Randbemerkungen zu sämtlichen Artikeln des Tages auseinanderzusetzen hatte. Von „Gratuliere!" bis „Protest!" reichte die Palette der Ulm'schen Noten. „Bitte Rücksprache!" verhieß nichts Gutes, und wenn die „Rücksprache!" ohne das „Bitte" auf dem Papier stand, drohte Ungemach. Ulms Kompagnon Georg Alfred Mayer (gest. 1954) galt als preußisch-korrekt, mischte sich aber nicht weiter in die Redaktionsabläufe ein. „Er war penibel und fair bis zum Gehtnichtmehr", sagt Friedel Grüning.

Er überbrachte dem Kurier 1945 die Lizenz: US-Colonel James R. Newman.

Der De-facto-Chefredakteur jener Zeit aber war, wie sich Grüning erinnert, Dr. Dr. Konrad Bartsch, auch wenn er nur als Stellvertreter im Impressum stand. Bis zu seinem Abschied im

Jahr 1962 hatte Bartsch über dreitausend Leitartikel geschrieben. Im Januar 1948 erschien die erste Rheingau-Ausgabe als Kopfblatt des Kuriers mit allerdings noch spärlichen Nachrichten über die ländliche Umgebung. 1948 versuchte man das Gleiche mit einem Lahn-Kurier und einer Außenredaktion in Limburg, brachte aber kein Bein auf den Boden. Schon ein Jahr später war das Ende des Lahn-Kuriers besiegelt.

Als 1948 plötzlich eine „Wiesbadener Zeitung am Abend" erschien, reagierte der Kurier prompt mit einer eigenen Abendausgabe. Aber die Konkurrenz gab schon bald ihren Geist auf, und beim Kurier beließ man es wieder bei der gewohnten Morgenausgabe. 1949 übernahm der Kurier die Schiersteiner Zeitung und danach eine Reihe weiterer Heimatblätter.

Als am 17. September 1949 das Tagblatt wieder erscheinen durfte, entbrannte ein Kampf um die neuen/alten Abonnenten. Im Zuge der Auseinandersetzungen nahm man dem Kurier noch einmal übel, dass er nach dem Krieg eine Liste mit den Namen der NSDAP-Mitglieder veröffentlicht hatte. Es handelte sich damals zwar um eine amtliche Bekanntmachung der Landeshauptstadt, aber das schützte den Verleger Ulm vor Anfeindungen nicht. Es kam zum Prozess. Der Kurier gewann.

Grüning durfte nach Herzenslust zu den Spielen der deutschen Fußballnationalmannschaft in die ganze Welt fliegen. Keine Olympischen Spiele zwischen Rom und Tokio, die ohne ihn stattgefunden hätten. Dem Unternehmen Kurier ging es prima, und die Redensart geisterte in den Jahren nach dem Krieg durch die Presseszene: „Wenn alle Lizenzzeitungen sterben, stirbt der Kurier erst vier Wochen später." Das gute Betriebsklima in den Fünfzigerjahren macht sich für Friedel Grüning auch daran fest, dass sich im Verlag ein gutes Dutzend Ehen anbahnten. Zwischen Redakteuren und Redakteurinnen meistens, aber auch zwischen Redakteurinnen und Setzern, Modezeichnerinnen und Fotografen. Oder wie im Fall Friedel Grüning, zwischen ihm und der Chefsekretärin, seiner späteren und inzwischen verstorbenen Frau Hannelotte.

Freilich gab es auch immer wieder Clinch. Wie den Streit zwischen Chefredakteur Hans Erich Koertgen (1962–1967) und dem Geschäftsführer Walther Zech. Der wollte den Rheingau-Kurier dem Tagblatt zuschlagen, um dessen sinkende Auflage zu stützen. „Nur über meine Leiche", bestand Koertgen laut Grüning auf seiner Position. Die Querelen zogen sich hin. Es kam zum Prozess vor dem Arbeitsgericht. Mit einer Abfindung verließ Koertgen seinen Posten.

Seinen Nachfolger Kurt Milte (1967–1978) beschreibt Friedel Grüning als humorigen Schöngeist. „Er hielt die Redaktion an der langen Leine, hatte sie aber auch fest im Griff." In dieser Tradition sieht Grüning auch Milte-Nachfolger Hilmar Börsing (bis 1999), dessen Stellvertreter er jahrelang war.

Über ein halbes Jahrhundert hat Friedel Grüning den Kurier erlebt und erfolgreich mitgestaltet. Als „Ruprecht" hat er die Kurier-Benefizaktion „ihnen leuchtet ein Licht. . ." mit erfunden und organisiert, schließlich weit mehr als dreitausendmal die Mundart-Kolumne „For nix un widder nix" geschrieben. Ende 2008 wurde sie auf Grünings Wunsch eingestellt.

Gutenberg würde sich die Augen reiben

Vom rasanten Wandel der Drucktechnik

Von Ken Chowanetz

Johannes Gutenberg würde sich beim Besuch des modernen Medienbetriebs im Pressehaus mindestens verwundert die Augen reiben. Wahrscheinlich aber verstände der Erfinder des Buch- und damit auch des Zeitungsdrucks die Welt nicht mehr. Die letzte Setzmaschine ist seit Jahrzehnten abgebaut. Utensilien wie Winkelhaken, Reglette, Kolumnenschnur oder der Setzkasten haben nur noch einen – stetig steigenden – Sammlerwert. Vielleicht könnte sich Gutenberg ein wenig damit trösten, dass auch ein Schriftsetzer oder Metteur, der vor 40, 30, ja sogar vor 20 Jahren seinen Beruf erlernte, ohne ständige Fort- und Weiterbildung längst den Anschluss an die immer rasanter fortschreitende technische Entwicklung verloren hätte. Und auch das Berufsbild des Redakteurs hat sich allein in den vergangenen 25 Jahren so sehr verändert wie zuvor vielleicht jahrhundertelang nicht.

Die Zeitungsproduktion in den frühen Jahren des Pressehauses mutet heute an wie aus einer anderen Welt. Der Redakteur verfasste seinen Artikel auf einer Schreibmaschine oder gar per Hand (nicht umsonst bedeutet der Begriff Manuskript wörtlich übersetzt „mit der Hand geschrieben"), in der Technik wurde der Text vom Schriftsetzer Zeile für Zeile sozusagen in Blei gegossen, anschließend in der Mettage gemeinsam mit anderen Artikeln und den (zunächst spärlichen) Bildelementen zur ganzen Seite montiert. Von der wiederum wurde ein druckfähiges Abbild geschaffen, in die Rotationsmaschine gespannt – der Druck konnte beginnen. Die technischen Mitarbeiter in der Zeitungsproduktion bildeten eine Welt für sich, mit einer ganz speziellen Sprache, die ebenso verschwand wie das damalige Berufsbild. Als Brotschrift wurde beispielsweise die Schriftart bezeichnet, in der der Grundtext gesetzt wurde. Schusterjunge und Hurenkind beschrieben bei Könnern des Fachs verpönte Arten des Zeilenumbruchs, und ein Schweizerdegen war ein Zeitungsschriftsetzer, der auch den Buchdruck beherrschte.

Als der Wiesbadener Kurier im Oktober 1995 den 50. Jahrestag seiner Gründung feierte, war die Technik im Pressehaus schon seit einigen Jahren „bleifrei".

Zu Seite 102/103: Bleierne Handwerkskunst: Setzkästen der Kaiserzeit.

Licht hatte das nicht gerade gesundheitsförderliche chemische Element als wichtigste Zutat der Zeitungsproduktion abgelöst. Die Texte wurden mit Hilfe des Computers erfasst, also in Bits und Bytes verwandelt, belichtet, zusammen mit den Bildelementen im Klebeumbruch zu Seiten montiert. Die Druckerei für den Wiesbadener Kurier befand sich längst auf der anderen Rheinseite, die fertigen Zeitungsseiten gelangten erst per Boten, später elektronisch von der Wiesbadener Langgasse zur Rotation nach Mainz-Mombach.

Das runde Jubiläum des Kuriers ist gerade einmal 14 Jahre her – und doch mutet die Zeitungsproduktion von 1995 schon wieder antiquiert an.

Längst haben die Redaktionen die Aufgaben von Schriftsetzern und Metteuren, von Reprografen und Seitenbelichtern beinahe vollständig übernommen. Selbst geschriebene oder aus unzähligen Quellen eingehende Texte werden direkt am Bildschirm mit der passenden Gestaltung versehen, auf der Ganzseite platziert, mit Fotos und anderen grafischen Elementen ergänzt und anschließend per Datenleitung nach Mombach gesendet, direkt auf die Druckplatte. So ist es möglich, wenige Minuten nach einem Ereignis bereits vieltausendfach schriftlich darüber zu berichten.

Dabei deutet sich an, dass in 10, 15 Jahren abermals über die dann veraltete Zeitungsproduktion unserer Tage gelächelt werden wird. Schon jetzt entstehen im Pressehaus mehr als „nur“ Zeitungen. Texte werden online veröffentlicht, per SMS an Handys, per E-Mail an Abonnenten geschickt. Nur kühnste Zukunftsforscher erlauben sich eine Prognose, welche Vertriebswege es für Nachrichten noch geben könnte. Sicher scheint nur, dass die „klassische“ Tageszeitung zu dem Potpourri der Verbreitungskanäle dazugehören wird.

Vernetzte Zeitungsproduktion: Arbeitsalltag am News Desk von Tagblatt und Kurier.

Odyssee und Heimkehr

Das Tagblatt kam auf Umwegen in sein altes Domizil zurück

Von Heinz-Jürgen Hauzel

Am 1. Juli 1943 hatte das Tagblatt auf Befehl der nationalsozialistischen Machthaber die Setz- und Rotationsmaschinen im Pressehaus abschalten müssen. Als nach Kriegsende die amerikanischen Sieger Zeitungslizenzen für ein demokratisches Deutschland vergaben, ging Altverleger Schellenberg leer aus. Der Lizenzzwang endete erst in jenen Tagen, als sich die neue Bundesrepublik zu rühren begann. Und Professor Dr. Gustav Schellenberg ging tatsächlich das Wagnis ein, in der mit einer Zeitung bereits versorgten Stadt das alte Tagblatt wieder auf den Markt zu bringen, „. . . weil ich das Werk, das Urgroßvater, Großvater und Vater in harter Arbeit aufgebaut haben, nicht untergehen lassen wollte, und weil ich mich verpflichtet halte, mein Wissen und Können als Altverleger meinen Mitbürgern in Wiesbaden und Umgebung zur Verfügung zu stellen", wie er erklärte.

Aber wo sollte das WT produziert werden? Das Tagblatthaus war besetzt. Für Verlag, Redaktion und Setzerei wurde der Hinterbau der alten Herrnmühle ausgespäht und entsprechend eingerichtet. Bis später das Vorderhaus entstand, war es räumlich arg eng. Die Berliner Druckerei Chmielorz verfrachtete ihre Setzmaschinen und stellte sie ins oberste Stockwerk des Hinterhauses an der Herrnmühlgase 11. Durch die Luft erreichte die letzte Linotype den Hof nicht lange vor dem ersten Erscheinen des neuen WT am 17. September 1949. Die Druckerei wurde in der alten Wuthschen Brauerei installiert.

In der Herrnmühlgasse aber schlug nun das Tagblatt-Herz. Bald waren Verlagsleitung, Anzeigenabteilung und Redaktion hier unter einem Dach vereint. Im neuen Zuhause entwickelte sich rasch ein starkes Wir-Gefühl. Hier wurde an langen Tagen bis tief in die Nacht produziert und gefeiert – Zeitung gemacht mit Familienanschluss.

Auf dem Weg die knarrenden Stiegen hinauf in die Redaktionsräume des dritten und vierten Stocks hörte man gleich das Klappern der alten Schreibmaschinen und Fernschreiber, und die Nase bekam eine Ahnung von dem Entwicklungsbad im

Gold auf Glas: der Schriftzug des Tagblatts am Pressehaus.

Fotolabor. Im ersten Stock sah der Besucher hinter einer Glasscheibe die Telefonistin die Stecker ihrer historischen Vermittlungsanlage ziehen und dicke Schalter umlegen, während oben oft so laut gebrüllt wurde, als seien Telefone überhaupt noch nicht erfunden.

In diesem Haus im Zentrum der Stadt mit Blick auf Marktkirche, Rathaus und Landtag herrschte immer Leben. Es bot das unverwechselbare Ambiente für Originale, die hier ihr Tagblatt machten, und es lieferte die Kulisse für heute noch kursierende Anekdoten. Die sechzigjährige Nachkriegsgeschichte des Tagblatts bleibt untrennbar mit der Herrnmühlgasse 11 verbunden. Und es ist eine schöne Reminiszenz, dass der Schriftzug und der Nassauische Löwe noch die Hauswand zieren.

Obwohl es hier viele Unzulänglichkeiten gab, die den Arbeitsablauf nicht eben erleichterten, fiel dem Tagblatt-Team der Umzug im Dezember 1990 an den Michelsberg sehr schwer. Hinüber in nagelneu gestaltete Räume hinter einer wunderschön renovierten Jugendstil-Fassade zwar, aber doch stellte sich in den achteinviertel Jahren, in denen das WT am Michelsberg 3 residierte, gerade bei den „Altgedienten" nie so etwas wie das Gefühl ein, hier daheim zu sein. Und doch hat sich auch unter dieser Adresse ein Tagblatt-Markenzeichen entwickelt. Hier wurde der „Schorsch vom Michelsberch" geboren, der gute Wiesbadener, der seitdem jeden Donnerstag das kleine Stadtgeschehen in unserer Sprache glossiert.

Die Tagblatt-Wanderjahre endeten 50 Jahre nach dem Neustart an der Herrnmühlgasse mit der Rückkehr ins Pressehaus an der Langgasse im April 1999. Noch einmal wurde mitten in die stets ruhelose Zeitungsproduktion hinein alles verpackt, runter- und raufgeschleppt, abgeschlossen und angeschlossen, damit die nächste WT-Ausgabe vom neuen, nein vom alten, vom historischen und endgültigen Platz aus mit Inhalten gefüllt und gestaltet werden konnte.

Gold auf Glas: der Schriftzug des Kuriers.

Zu Seite 106/107: Stilvoll und elegant: Flur-Ensemble im Treppenhaus.

Warme Farbtöne: Die Tür zur Geschäftsleitung im Treppenhaus.

Hier werden auch heisse Eisen angepackt

Der Tagblatt-Talk ist jetzt im Foyer heimisch

Von Ingeborg Toth

Die schöne Fassade des Pariser Hoftheaters war lange Zeit so etwas wie das Markenzeichen des Tagblatt-Talks. In dem Theater in der Spiegelgasse bat Moderator Klaus Rein, einst Rundfunkmann, dann Tagblatt-Redaktionsleiter, erstmals im Jahr 2000 Wiesbadener Promis auf die Bühne. Mag sein, dass er sich einen Entertainer wie Harald Schmidt zum Vorbild genommen hat. Doch respektlos war Rein nie, und sein Humor hatte nichts Zynisches. Der Tagblatt-Boss hat den informativ-geselligen Charakter der Talkrunden geprägt. Die Atmosphäre im Pariser Hoftheater trug mit dazu bei, dass Gesprächsrunden zu Shows gerieten, wie sie eben auch im Fernsehen geboten werden. Musikalische Unterhaltung gibt es und gab es immer dazu. Lange gehörte die amerikanische Pianistin und Sängerin Kate Nelson mit Jazz, Folk und Pop zu den Promis aus dem Unterhaltungslager.

Moderator Klaus Rein diskutierte mit Schwergewichten der heimischen Szene. Er lud anfangs stets drei oder vier davon zu einem einzigen Tagblatt-Talk ein. Diskutierte beispielsweise mit dem damaligen Oberbürgermeister Hildebrand Diehl, dem ehemaligen IHK-Hauptgeschäftsführer Zsolt Gheczy und Dr. Michael von Poser (zu der Zeit noch im Architekturbeirat) Fragen der Stadtplanung und der Stadtentwicklung. Oder Kontroverses mit Christiane Hinninger, ehemalige grüne Stadträtin für Umwelt und Verkehr, und dem Stadtrat für Bauen und Verkehr, Professor Joachim Pös (FDP). Die beiden stritten sich, welches Verkehrsmittel Wiesbadens Lösung der Zukunft ist: die Stadtbahn oder der Bus? Die Antwort kannte das Publikum damals noch nicht.

In seine zweite Saison startete der Tagblatt-Talk mit einem Programm-Mix aus Politik und Literatur. Die Gäste beschäftigten sich mit Person und Werk des niederländischen Schriftstellers Eduard Douwes Dekker, genannt Multatuli, der von 1870 bis 1879 in Wiesbaden lebte und Spieler war. So suchte sich Moderator Klaus Rein den Multatuli-Experten und Literaturwissenschaftler Professor Erwin Leibfried und Spielbank-Chef Klaus Gülker, um Spielernaturen zu analysieren.

Verwinkelt und verschachtelt: Blick durch das Dach des Atriums im Hinterhaus auf die Fassaden zum Innenhof.

Heiße Eisen und spannende Gesprächspartner: Tafel mit den Unterschriften der Tagblatt-Talk-Gäste.

Vor der Wiesbadener Oberbürgermeister-Wahl 2003 hatte Gastgeber Klaus Rein die beiden Favoriten, Amtsinhaber Hildebrand Diehl (CDU) und Herausforderer Rolf Praml (SPD), geladen. Die Kontrahenten lieferten sich interessante Wortgefechte.

Man könnte auch sagen, sie fetzten sich vor Publikum. Ein Jahr später stellte sich der Präsident des hessischen Parlaments, Norbert Kartmann (damals neu im Amt), im Pariser Hoftheater den Fragen von Moderator Rein. Mit von der Partie war der Fraktionsvorsitzende der FDP im Landtag, Jörg-Uwe Hahn, heute Vize-Ministerpräsident. Für Jazz-Einlagen sorgten in diesem Talk erstmals Andreas Hertel (Piano) und Stefan Kowollik (Gitarre) – bis heute großartige Unterhalter bei den Tagblatt-Veranstaltungen. Die beiden sorgen auch angesichts ernster Themen für Auflockerung.

Der 20. Tagblatt-Talk im Sommer 2004 stand ganz im Zeichen von Olympia: Auf dem Sprung nach Athen stellte sich Schwimm-Nachwuchsstar Helge Meeuw im Pariser Hoftheater den Tagblatt-Lesern vor. Das friedliche Miteinander der Religionen hatten die Moderatoren Angelika Dorweiler und Peter Königsberger 2005 im Blick: In Wiesbaden wurde gerade die erste Moschee gebaut. Es diskutierten Dr. Jakob Gutmark vom Vorstand der Jüdischen Gemeinde, der evangelische Dekan Hans-Martin Heinemann und sein damaliger katholischer Amtskollege Ernst-Ewald Roth. Es ging beim Tagblatt-Talk aber auch um die Zukunft des Einzelhandels. Diskutiert wurde, ob das Ehrenamt noch Ehrensache sei. Es wurde nach Wegen aus der Bildungsmisere gesucht – was vor allem Eltern interessierte. Unter dem Titel „Gesund und fit bis hundert" wurde die schlanke Taille zum Thema gemacht – als Voraussetzung fürs Altwerden. Es ging bei den Talks um Wiesbadens Weg zum Weltkulturerbe mit Professor Gottfried Kiesow als Gast, oder darum, wie privates Bauen so gelenkt und gesteuert werden kann, dass ein Bauwerk das andere nicht abwertet. Der Integrationsvertrag der Stadt Wiesbaden mit den Muslimen wurde beim Tagblatt-Talk diskutiert – vor vielen Moslems im Pariser Hoftheater. Mit Rücksicht auf die Speisevorschriften im Ramadan begann die Veranstaltung erst nach Sonnenuntergang.

Viele Gastwirte kamen, als es um die Probleme mit dem neu eingeführten Rauchverbot ging. Politiker verteidigten das Verbot, ein Vertreter des Hotel- und Gaststättenverbands fürchtete das Ende der Eckkneipe. Immer diskutierten Experten. Oft auch Mediziner untereinander, über Osteoporose oder Lebererkrankungen. Manchmal wurde deutlich, dass gerade in der Medizin die unterschiedlichsten Meinungen vorherrschen. Ab 2006 luden Peter Königsberger und Ingeborg Toth Wiesbadener Experten zum Tagblatt-Talk ein. Bei der ersten Gesprächsrunde im Pressehaus in der Langgasse (im Herbst 2008) diskutierten Brigitta Lamparth und

Ingeborg Toth mit Wiesbadener Buchhändlern. Buchpreisbindung ist so etwas wie Artenschutz für die gesamte Branche. So die These von Buchpreisschützer Dieter Wallenfels, Gast bei diesem Talk und „Förderer des Deutschen Buches". Ein Ehrentitel, den ihm der Deutsche Börsenverein verliehen hat.

In der heißen Phase des Landtagswahlkampfs 2009 waren vier politische Schwergewichte beim Tagblatt-Talk in Pressehaus in der Langgasse zu Gast: Horst Klee (CDU), Ernst-Ewald Roth (SPD), Florian Rentsch (FDP) und der Grüne Frank Kaufmann. Sie packten heiße landespolitische Eisen an vom Flughafenausbau bis zur Einheitsschule, die vor der Wahl im Raum schwebte.

Wer die besseren Pointen vom Stapel gelassen hat, durfte das Publikum immer selbst beurteilen. Oder konnte die Zitate nach dem Tagblatt-Talk in der Zeitung lesen.

Wir laden gern uns Gäste ein

Kurier-Forum: Viel erfahren, diskutieren, fröhlich sein und Gutes tun

Von Ingeborg Salm-Boost

Es gibt Veranstaltungen, die vergisst man nie. Der Kurier-Übungstag fürs Kumulieren und Panaschieren kurz vor der Kommunalwahl 2001 ist ein solches Ereignis. Damals hatten wir von der Lokalredaktion kurzerhand das Kundenzentrum, langjährige Verlagsangehörige nannten dieses immer noch Schalterhalle, zum Wahllokal gemacht. An einem Samstag kamen die Menschen zuhauf, um sich auf spielende Art und Weise, aber natürlich mit kompetenter Begleitung durch städtische Experten auf das neue Wahlverfahren einzustimmen. Kurier-Redakteure und -Redakteurinnen ließen sich ebenso wie bekannte Bürger der Stadt auf die Liste setzen und erhielten Dank der Möglichkeit, vom Wähler per Internet nach vorne gebracht zu werden, erstaunlich gute Plätze.

Damals wusste die Redaktion noch nicht, dass das Kundenzentrum eines Tages zum Veranstaltungszentrum der kleineren, aber feinen Art werden sollte. Zur ständigen Begegnungsstätte mit unseren Lesern, zum Dialog mit ihnen und zum Wissensforum für sie.

Natürlich gehört zum Angebot die Information vor Bundestags-, Landtags- und Kommunalwahlen. Wir holen die Spitzenkandidaten ins Haus, fühlen ihnen auf den Zahn, möchten natürlich auch hinter die Fassaden der Menschen schauen, die uns in einem Parlament vertreten wollen. Die Gäste haben die Möglichkeit, mit den Akteuren auf der politischen Bühne ins direkte Gespräch zu kommen. Dass es keine Schonung gibt, die Fairness aber gewahrt bleibt, dafür sorgen in der Sache und im Moderieren erfahrene Redaktionsmitglieder.

Keine Frage, dass auch bei neuen Angeboten wie dem Bürgerhaushalt, der Stadtteilbewohner via Internet über eine Rangliste der Projekte im jeweiligen Ort abstimmen lässt, im Pressehaus Information, kritische Beleuchtung und Befragung der Verantwortlichen stattfindet. Selbstverständlich, dass Stadtentwicklung ein Thema ist, und die Macher sich den Fragen und oft auch der Kritik stellen.

Zu Seite 118/119: Komposition aus Sandstein: Pressehausfassade aus der Fußgängerperspektive.

Die regelmäßig im Pressehaus angebotenen Foren wie zum Beispiel die zum Thema Gesundheit haben längst ein Stammpublikum, das dankbar annimmt, wenn hochkarätige Mediziner und Medizinerinnen neueste wissenschaftliche Erkenntnisse, aber auch ganz praktische Tipps preisgeben. Unsere Leserschaft weiß den persönlichen Rahmen des Gesundheitsforums zu schätzen, das stets von der Redaktion moderiert wird, so dass keine Gefahr besteht, dass Fachchinesisch geredet wird. Eine Spezialität dabei ist es auch, dass häufig von einer Krankheit Betroffene mit auf dem Podium stehen, Menschen, die anderen Mut machen können, weil sie sich nicht unterkriegen lassen. So zum Beispiel ein junger Mann, der unter Diabetes leidet, aber durchaus in der Lage ist, als Freiwilliger Feuerwehrmann aktiv zu sein.

Das Interesse am Forum Gesundheit, über das im Anschluss in der Zeitung berichtet wird, ist oft so groß, dass wir den gut 100 Personen fassenden Raum zwei-

Ein Kürzel mit gutem Klang: WK für den Wiesbadener Kurier.

bis dreimal füllen könnten. Was in der Tat, wenn unsere Referenten mitmachen, schon passiert ist.

Ein Markenzeichen sind auch längst die Abende der Feuilletonredaktion geworden: „Kurier-Kultur“ lockt die an guter Literatur Interessierten immer wieder in die Langgasse 21, wo renommierte Autorinnen und Autoren oder Hoffnungsträger/innen der Schriftstellerei die Gäste anziehen.

Der Mensch braucht Unterhaltsames zum Mitmachen. Warum singen wir nicht einfach mal gemeinsam?, lautete die Idee nach einer Benefizveranstaltung mit der Rheingauer Künstlerin Ulrike Neradt und der Band „Best Age“, auch ein Abend, an dem das Interesse riesig war. Ebenso wie dann beim neu eingeführten Kurier-Singen. Ein weiteres Highlight der Aktivitäten im Pressehaus. Dabei wird denn auch an die Benefizaktion des Kuriers „ihnen leuchtet ein Licht“ gedacht. Kein Eintritt wird verlangt, aber Spenden sind willkommen.

Apropos Gutes tun: Mittlerweile hat sich die einstige Schalterhalle auch als Ausstellungsraum bewährt, Schüler zeigen besondere Arbeiten, Zeitungsfotografen Meisterstücke. Und es wurde sogar eine Versteigerung zugunsten der Karlheinz-Böhm-Stiftung „Menschen für Menschen“ für Äthiopien gewagt. Leser des Kuriers helfen, in Äthiopien eine Schule zu bauen, indem sie im Pressehaus Kunst ersteigern, gestiftet von Wiesbadener Künstlern. Ein neues Wagnis – ausbaufähig. Auf seine Leserinnen und Leser kann der Kurier sich halt verlassen, ob beim Probewählen oder für eine Benefiz-Veranstaltung.

Zur Kommunikation im Flur: die roten Besuchersessel vor dem Eingang zur Lokalredaktion.

Aus Lesern werden Nutzer

Der Konzern der Verlagsgruppe Rhein Main (VRM) ist für die mediale Zukunft gewappnet

Von Stefan Schröder

Im Pressehaus an der Langgasse spielt sich seit mehr als 100 Jahren Zeitungsgeschichte ab. Doch die Architektur des frühen 20. Jahrhunderts mit ihren Arabesken, Vorsprüngen, Fabeltieren und Kapitellchen sollte nicht darüber hinwegtäuschen, dass in diesem Gebäude stets hart an der Zukunft eines Unternehmens, später eines Konzerns gearbeitet wurde. Das galt für die Zeit vor und zwischen den Weltkriegen, und vor allem auch danach.

Die multimediale Zukunft hat längst begonnen: Felix Ostermann im Videoproduktionsraum im Obergeschoss.

Multimedia-Einsatz an der Kurhaus-Kuppel (von links): Videokameramann Uli Kern, Kurier-Redakteur Manfred Gerber, Architekt Hans Maul, Kurdezernent Detlev Bendel, Kurdirektor Henning Wossidlo und Fotograf Friedrich Windolf.

EOS 5D

Früh erkannten Verleger von der anderen Rheinseite ihre Chance, in den prosperierenden Wirtschaftsmarkt gleich zweier Landeshauptstädte zu investieren. Unter dem Dach der damaligen Mainzer Verlagsanstalt, seit 1992 Verlagsgruppe Rhein Main (VRM), wurde zuerst 1950 das Wiesbadener Tagblatt mit der Allgemeinen Zeitung in Mainz und dem Darmstädter Tagblatt vereint. Eineinhalb Jahrzehnte später folgte der Wiesbadener Kurier, der 1965 in den Besitz der Mainzer überging. Zu diesem Zeitpunkt gehörten bereits weitere Blätter (Idsteiner Zeitung, Aar-Bote/Bad Schwalbach, Rheingauer Bürgerfreund, alle 1952; Wormser Zeitung, 1956) zum Verbund. 1972 stieß die Main-Spitze aus Rüsselsheim dazu. Kurz vor dem Ende des Jahrtausends kehrte das Tagblatt nach Jahren des „Exils" auch räumlich in das Pressehaus an der Langgasse zurück.

Als erfolgreich erwies sich das zukunftsweisende Konzept der Mainzer Verlagsführung: Vor Ort, also im Markt und beim Leser, arbeiten die Experten in Kundennähe. In der Zentrale werden die unterstützenden Dienste zusammengefasst. Dies führte zu der Entscheidung, Mitte der Siebzigerjahre den Druck für alle Zeitungen des Verlages in das Industriegebiet nach Mainz-Mombach zu verlagern. Hier erlebten die Bleibuchstaben ihr Ende, und der Fotosatz erblickte das Licht der Welt. Die Zyklen der Modernisierung verkürzen sich auch im Druckgewerbe zusehends. So schaffte die Verlagsgruppe Mitte der Neunzigerjahre abermals neue Druckmaschinen an. Und auch sie haben ihre besten Jahre schon wieder hinter sich. Im Jahr 2010 nimmt die von den Unternehmen VRM und Medienhaus Südhessen gegründete Tochtergesellschaft Druckereigesellschaft Rhein Main mit Sitz in Rüsselsheim die Herstellung aller Zeitungen der beiden Verlagshäuser wiederum mit neuen Maschinen der Schweizer Firma Wifag auf.

Nachrichten auf Papier sind das wichtigste Geschäft der VRM. Schließlich laufen Nacht für Nacht mehr als 200000 Exemplare gedruckter Zeitungen vom Band, die ihren Käufer finden – oder dank eines Abonnements schon längst haben. Die Wochenblätter mit Informationen, Inseraten und Anzeigen, die gratis in alle Haushalte des westlichen Rhein-Main-Gebietes geliefert werden, ergänzen das Nachrichtenangebot in einer Millionenauflage.

Gemäß dem Spruch „Wir verkaufen kein Papier, sondern Informationen" ergänzen dieses Angebot seit fast eineinhalb Jahrzehnten Produkte des Internet-Zeitalters. Die Tochtergesellschaft Rhein Main Multimedia hat seit Mitte der Neunzigerjahre den Kanal Online aufgebaut und betreibt ihn heute im Auftrag der VRM. Mittlerweile verfügen alle Printmarken der Verlagsgruppe über aktuelle Online-Auftritte. So auch der Wiesbadener Kurier und das Wiesbadener Tagblatt. Ist Papier schon geduldig, so bietet das Internet noch weitere Möglichkeiten, Inhalte aufzubereiten,

Tagblatt und Kurier unter einem Dach: Schriftzug mit Logo der Verlagsgruppe Rhein Main.

vorzuhalten, zu lagern oder multimedial zu präsentieren. Insbesondere der Dialog und die Kooperation mit dem Leser, der hier zum User, zum Nutzer und Benutzer wird, erreichen neue Dimensionen.

All dies gehört heute zum Geschäft der Redakteure. Sie recherchieren, bewerten, bearbeiten und veröffentlichen die selbst gefertigten oder angelieferten Inhalte. Als „Werkraum“ dient ein Deskroom, zu Deutsch: das Nachrichtenzimmer. Hier bündeln sich die Informationen, von hier aus werden sie wieder in die verschiedenen Produktionskanäle (Print, Online) geschoben und damit publiziert. Gerade die Online-Welt hat sich in den vergangenen Jahren als Träger weiterer attraktiver Darstellungsformen erwiesen. Seit 2008 gehören beispielsweise Videofilme zum Programm des Tagblatts und des Kuriers. Der Besuch im Tierheim in der Rubrik „Zuhause gesucht“ oder das Interview mit dem örtlichen Kanu-Sportler gehören ebenso in dieses Angebot wie ein Film über die Premiere der Maifestspiele und ein „bewegter“ Bericht aus dem Presseforum, wo eine Podiumsdiskussion stattfand. Ähnlich wie die Fotografen werden die Videojournalisten (kurz VJ's) von den Redakteuren angeleitet und auf bestimmte Themen aufmerksam gemacht. Die Umsetzung ist zwar nicht so kompliziert wie beim Fernsehen, doch erfordern die gemeinsame Darstellung von Bild und Ton sowie die zeitliche Beschränkung auf maximal drei Minuten einiges kunsthandwerkliches Geschick. Das Videogeschäft hat sich auch technisch so rapide entwickelt, dass die gesamte Ausrüstung in ein Oberstübchen des altehrwürdigen Pressehauses passt. Hier oben im vierten Stock unter dem Dach vertonen und schneiden die VJ's ihr Rohmaterial, nehmen die Redakteure das Material vor der Veröffentlichung im Internet ab.

Denn immer gilt, die Qualität der Nachricht geht vor. Da spielt es keine Rolle, ob der Journalist seine Recherche-Ergebnisse dem Publikum per Zeitung, Online-Display oder Videofilm übermittelt. Daran hat sich übrigens seit dem Jahr 1909 nichts geändert.

Modern, zweckmäßig und nutzerfreundlich: das Kundencenter im Erdgeschoss. Am Schalter (von rechts): Sybille Wolf, Rita Marsmann und Angelika Gollwitzer.

Vergilbte Schätze im Giftschrank

Die Archive des Tagblatts und des Kuriers

Von Jörg Hofmann

Sie sind das unerschütterliche Gedächtnis von Kurier und Tagblatt: die beiden großen Archive, in denen von kleinen Bändchen im Oktavformat bis zu gewaltigen Folianten die Zeitungsausgaben vergangener Zeiten aufbewahrt werden. Und schon ihre Aufbewahrungsorte sprechen für sich: Während die stummen Zeugen des Tagblatts, die bis in die 1850er-Jahre zurückreichen, im Keller des Pressehauses aufbewahrt werden, so warten die seit 1945 akribisch gesammelten Kurier-Bände direkt unter dem Dach auf interessierte Stöberer und dienen den Zeitungsmachern als wichtige Quellen.

Freilich hat nicht jedermann Zutritt, denn die Archive sind generell nicht öffentlich zugänglich. Zu wertvoll sind ihre Bestände, zu empfindlich das in die Jahre gekommene Druckpapier – und zu ausgefeilt das Ordnungssystem, dem sie unterliegen. In meterlangen und bis unter die Decke reichenden Regalen schlummern die „stummen, beredten" Zeugen von über 150 Jahren Pressegeschichte Wiesbadens. Die besonders wertvollen Tagblatt-Bände aus den Anfangsjahren sucht man dort allerdings vergeblich. Diese werden in einem besonders gesicherten Stahlschrank – von einigen Redakteuren neckisch auch „Giftschrank" genannt – aufbewahrt.

Das Stöbern ist nicht nur der nüchternen Recherche halber wichtig, es macht schlicht auch Spaß. Man kann im Original etwa nachlesen, wie die Einweihung der Nerobergbahn am 25. September 1888 ablief, oder wie sich die Währungsreform 1948 in Wiesbaden gestaltete – der Fundus ist schier unerschöpflich.

Für die teils sehr alten Tagblatt-Bände ist ihre Unterbringung im Keller des Pressehauses ein echter Glücksfall. Bedingt durch die Tatsache, dass nur wenige Meter entfernt heißes Thermalwasser abgepumpt wird – ansonsten würde das Fundament des Hauses rasch absaufen –, herrscht dort im Sommer und im Winter eine nahezu konstante Temperatur von rund 20 Grad Celsius. Da auch die Luftfeuchtigkeit ange-

1897.
2.
1897.
3.
1897.
4.

Zu Seite 130/131: Vergilbte Schätze: das Tagblatt-Archiv im Keller des Pressehauses.

messen ausfällt, befinden sich selbst die ganz alten Zeitungsbände in einem für manchen überraschend guten Zustand.

Auffällig dabei ist, dass gerade die archivierten Zeitungen aus der Zeit von 1853 bis in die 1880er-Jahre besonders stabiles und wenig vergilbtes Papier aufweisen. Seinerzeit wurde das Papier noch anfassbar dicker und zudem weitgehend zellulosefrei geschöpft. Bei Bänden, die teils noch nicht einmal 50 Jahre alt sind, muss man hingegen besondere Vorsicht walten lassen, weil man Gefahr läuft, dass beim Umblättern das durch Säurebildung geschwächte, dünne Papier regelrecht zerfällt.

Der Fotograf

Sascha Kopp, Jahrgang 1965, ist ein echter „Meenzer" Bub, in Mainz geboren, aufgewachsen, zur Schule gegangen und dort wohnhaft. Sein Volontariat hat er allerdings beim Wiesbadener Tagblatt absolviert, wo er fünf Jahre gearbeitet hat. Inzwischen ist er auf die andere Rheinseite zurückgekehrt, als Bildredakteur bei der Verlagsgruppe Rhein Main. Sein Motto als Fotograf: „Man muss die kleinen Dinge sehen, um die großen zu verstehen." Sein täglich gelebtes, privates Credo lautet: „Höflichkeit ist der Airbag vor der harten Wirklichkeit". Sascha Kopp ist ein Vollblutfotograf, einer, der im Tageszeitungsgeschäft genauso für visuelle Überraschungen sorgt wie bei seinen zahlreichen Buchproduktionen oder den Mainzer Jahreskalendern, die bei vielen längst zu Sammlerobjekten wurden.

Mehr als 20 Jahre ist er schon im Geschäft und hat sich eines bewahrt: den Blick für das Besondere. Seine Bilder sind Hingucker, Augenfänger. Auch die Aufnahmen für das Buch zum 100. Jubiläum des Wiesbadener Pressehauses hat er mit viel Sinn für das scheinbar Unauffällige gemacht. Seine Fotos schärfen den Blick für das Detail wie für das große Ganze, sind schließlich ein Augenschmaus, kleine, verführerische Kunstwerke.

Die Autoren

Hilmar Börsing, Jg. 1937, ehemaliger Kurier-Chefredakteur
Viola Bolduan, Jg. 1951, Leiterin der Kurier-Feuilletonredaktion
Kurt Buchholz, Jg. 1939, ehemaliger Leiter der Tagblatt-Lokalredaktion
Ken Chowanetz, Jg. 1966, Leiter der Technischen Redaktion des Kuriers
Manfred Gerber, Jg. 1953, Kurier-Redakteur
Heinz-Jürgen Hauzel, Jg. 1954, Leiter der Tagblatt-Lokalredaktion
Wolfgang Wilhelm Herber, Jg. 1949, Realschullehrer und SPD-Stadtrat
Jörg Hofmann, Jg. 1965, Tagblatt-Lokalredakteur
Gottfried Kiesow, Jg. 1931, Vorsitzender der Deutschen Stiftung Denkmalschutz
Guntram Müller-Schellenberg, Jg. 1938, Druckerei- und Verlagskaufmann
Katja Rietze, Jg. 1981, Kurier-Volontärin
Ingeborg Salm-Boost, Jg. 1951, Leiterin der Kurier-Lokalredaktion
Hans Dieter Schreeb, Jg. 1938, Schriftsteller, Kulturpreisträger der Landeshauptstadt
Stefan Schröder, Jg. 1958, Kurier-Chefredakteur
Jutta Schwiddessen, Jg. 1957, Kurier-Redakteurin
Ingeborg Toth, Jg. 1944, Tagblatt-Redakteurin a. D.

Danksagung

Guntram Müller-Schellenberg für Auskünfte zur Familiengeschichte und das Bereitstellen von Literatur und Fotos, Michael Bischoff und Dr. Hans Schade vom Archiv der Verlagsgruppe Rhein-Main, Gerhard Krebühl, Verlagsgruppe Rhein-Main, für die Reproduktion historischer Fotos, Otto Pauler, Lüder Friedrichs und Bernd Rubner, Kurier-Administration, für die technische Unterstützung, Helga Buschmann und Stephan-Erik Wirth, Nichte und Großneffe des Verlegers Georg Alfred Mayer, für das Bereitstellen von Dokumenten aus dem Familienarchiv, Elke Baade, Kurier-Redakteurin und Dr. Viola Bolduan, Leiterin der Kurier-Feuilletonredaktion, für die Korrekturen.

Zu Seite 136/137: Zwei Zeitungen unterm Jugendstil-Gewölbe: das Wiesbadener Tagblatt, Schautafeln links, und der Wiesbadener Kurier, rechts.

WIESBADENER KURIER

Register

Bildnachweis

Sascha Kopp 7, 10, 13, 15, 18, 22, 25, 26/27, 28, 29, 32, 33, 34 (2), 48/49, 51, 52, 53, 69, 70, 71, 72, 73, 74, 88/89, 91, 93, 104, 106/107, 108, 109, 110, 112/113, 114, 118/119, 120, 122, 123, 127, 128, 130/131, 136/137

Archiv der Verlagsgruppe Rhein Main 14, 16/17, 19, 20/21, 23, 24, 30/31, 36/37, 60/61, 62, 76, 80, 84/85, 94/95, 102/103

Schellenberg 40, 41, 43, 45, 56/57

Katalog „Mainz, Gutenberg. Aventur und Kunst". Mainz 2000, S. 42

Familienarchiv Mayer 83

Stadtarchiv 98

Wolfgang Kühner 97

Uwe Stotz 124/125